JN172626

憲法の裏側

明日の日本は……

写真＝高瀬一博・矢部竜二
Bowwow
装丁＝矢部竜二

目次

プロローグ　改憲、心は千々に乱れ

香山リカ

日本は平和憲法を仰ぐ立憲主義の国。国家権力はこの憲法に制約を受けており、この国の主権は国民にある。

小学生の頃から、授業で教科書で問題集で、何度となく耳にし、目にしてきた言葉だ。あまりになじみすぎて、この言葉は私にとってはほとんど血肉化されているといってもよい。

だから、「憲法を変える」といわれると、私は顔の皮膚をベリベリとはがされているような痛みを感じる。心の痛みではなくてからだの痛みだ。手を加えればもっとよくなるかもしれない、時代遅れといわれるかもしれない、でも私はこの顔で半世紀以上、生きてきたのだ。愛着もあるし、なんといっても私の大切な一部だ……。

こういうと、改憲派からはすぐに批判の矢が飛んできそうだ。

「ほら、護憲派が現行憲法に執着する理由は、きわめて私的なものなのだ。そんなことをいっているうちに、日本は世界から取り残されてしまう。自衛隊もPKO活動などで世界に活動の場を広げている中、万が一、撃たれてそれに応戦したという事態が起きても、いまの憲法だと軍法会議も開かれないんだぞ。護憲派は自分の都合のために自衛隊員を見殺しにするのか！」

「いや、そうではなくて現行憲法は世界的に意味のあるもので……」と理屈で反論する前に、私は言いたい。私的な理由で護憲を主張して、何が悪いのか。改憲を望む人たちも、本当に論理的・学術的な理由でそうしているのか。あなたたちこそ、ものすごく私的な理由で、「憲法を変えなければだめだ」と叫び続けているのではないか。そして、それが私的な理由によることさえ、あなたたちは気づいていないのではないか……。

精神科医は、すんなり理解できない事態に直面すると、すぐにそれを個人の心理メカニズムとのアナロジーで考えようとするクセがある。そして、そのクセに従ってこのところの日本を眺めると、あちこちで「葛藤を回避するための心理的防衛メカニズム」が作動しているのを感じるのである。

この「心理的防衛メカニズム」の存在を初めて指摘したのは、精神分析学の祖であるS・フロイトだ。フロイトは当時「ヒステリー」と呼ばれた身体の一部の機能喪失や失神の研究から、人間の心は葛藤などで不安定になり始めると、それに直面してより大きなダメージが与えられるのを防ぐため、それを無意識のレベルに抑圧してなんとか再適応をはかろうとする仕組みが存在するとし、それに「心理的防衛メカニズム」という名を与えた。

いま、日本は数々の難問に直面している。安全保障の問題だけではなく、少子高齢化やそれによる労働人口の減少、産業構造の転換の失敗による経済の伸び悩み、アジアの国々の台頭の中、競争力は低下し、科学技術力も停滞しているといわれる。

そのことから目を背けるかのように、テレビでは毎日のように「日本がいかにすばらしいか」を伝える番組が流れている。「世界で和食が大ブーム！」「世界が驚く日本の技術！」など、いずれも嘘ではないのだろうが、モニターの中で出演者が「日本、すごい！」と叫べば叫ぶほど、これは〝日本、ヤバイ〟という予感を打ち消すために必要以上にはしゃいで見せる、「躁的防衛」という防衛メカニズムでは、と思ってしまう。

また、「敵は『朝日新聞』、中国や韓国などの〝反日国家〟」と指摘し、それをいっせいに攻撃するのは「投影」というメカニズムだ。解決しなければならない重大な問題、つまり敵は自分の内部にこそあるのに、外部にあたかもプロジェクターがあるかのようにそれを映し出し、「敵はあいつだ」と外部に標的を定めるのだ。

この躁的防衛も投影も、いくらやってみたところで問題の真の解決にはならないことはいうまでもない。

そして私には、憲法改正はこれら「葛藤回避のための心理的防衛メカニズムの集大成」に見えてしまう。

憲法さえ変えれば、すべてはバラ色。日本の未来は明るい。世界が日本を絶賛する。日本をずっと苦しめてきたサヨクの護憲派は息の根を止められ、本当の意味での愛国者がこの世の春を謳歌する……。はっきり意識はしていなくても、そう思っている人もいるのではないだろうか。

もちろん、井上達夫さんはこんな「心理的防衛メカニズムとしての改憲」を訴えているわけではない。井上さんの名が一般の人にも知られるようになったきっかけの一冊、『リベラルのことは嫌いでも、リベラリズムは嫌わないでください――井上達夫の法哲学入門』（毎日新聞出版、二〇一五年）の中で、護憲派は「自衛隊と安保が提供してくれる防衛利益を享受しながら、その正当性を認知しない。認知しないから、その利益の享受を正当化する責任も果たさない」とし、それは「許されない欺瞞」であって、そのような人たちが日本ではリベラル派と呼ばれていることを痛烈に批判している。

これは、集団的自衛権が議論されたときに容認派がいっていたことにも似ている。「日本は日米同盟により、アメリカの軍事力で守ってもらうという利益を享受しながら、集団的自衛権がないのでアメリカ軍に何があっても協力しません、ではあまりにムシがいいのではないか」といった言い方だ。

しかし、そう聞くたびに、「本当にそうなのだろうか」と疑問を抱いてきた。アメリカは実際に「守ってほしいときばかり頼って、こっちに何かあっても協力できないなんてヒドイじゃないですか」といっているのだろうか。そのかわりとして日本は日米地位協定を受け入れ、沖縄に多くの負担を強いるなどして米軍基地を数多く有しており、アメリカは本当にそれでも不平等だと思っているのだろうか。

同じことを改憲派に対しても言いたい。軍隊ではない自衛隊をいまのかたちのまま容認するのは、本当に無責任であり欺瞞なのか。あるいはもう少しいえば、無責任や欺瞞はいけないことなのか。「欺瞞はいけない」というのはモラルの次元の話にも思えるが、私たちはモラルのために憲法を変えなければならないのか。

そういった話を井上さんには訊いてみたい。
うまく訊けるだろうか。
いや、なんとしても訊いてみなくては……。
心が千々に乱れる。精神科医としてあってはならないことなのであるが。

井上達夫（いのうえ・たつお）

原理的なリベラリズムの立場に立って、憲法問題から政局まで、鋭く切り込む。一九五四年生まれ。専攻、法哲学。東京大学大学院法学政治学研究科教授。『他者への自由――公共性の哲学としてのリベラリズム』『普遍の再生』『現代の貧困――リベラリズムの日本社会論』『世界正義論』『リベラルのことは嫌いでも、リベラリズムは嫌いにならないでください――井上達夫の法哲学入門』『憲法の涙』『自由の秩序――リベラリズムの法哲学講義』ほか。

香山リカ（かやま・りか）

たくましいリベラルとして、右傾化する政治状況から現代社会の病理まで、メスをふるう行動派知識人。一九六〇年生まれ。精神科医。立教大学現代心理学部映像身体学科教授。『若者の法則』『ぷちナショナリズム症候群――若者たちのニッポン主義』『なぜ日本人は劣化したか』『生きてるだけでいいんです。』『〈不安な時代〉の精神病理』『弱者はもう救われないのか』『「悩み」の正体』『リベラルじゃダメですか?』ほか、著書多数。

第一章

戦後的自明性の崩壊

軍国主義の再来は

香山　戦後がそこから始まった敗戦と、そこへと突っ走った軍国主義について、井上さんは、人々と社会が一度その轍《てつ》を踏み、反省もし学習もするわけだから、二度そこへ戻ることはないとお考えですね。でも、昨今のいろいろな流れを見ていても、さまざまな兆候が昔の轍《わだち》に流れ込んでいくように見えます。

いまそれこそ、七月〔二〇一七年〕で応募の時期が始まっている、防衛装備庁が提供する一一〇億円の研究資金に誰が手を挙げるかということが注目されています。私たちもウォッチしているのですが、六月三〇日までに大学や研究機関として応募するので、もう明日、明後日のうちには提出しなければならない。すでに出されてもいて、そのいくつかはわかっているのです。そういうことを見ていても、防衛省から予算をもらって研究を……。

井上　護憲派の石川健治〔憲法学者。一九六二— 年〕は断定的に、「九条を変えると軍国主義に戻る」といっている。九条があるから、違憲の烙印を捺すことによって自衛隊を統制しているというのですが、そこにもう一つ彼は財政の話を加える。違憲だと烙印を捺されていれば財務省だって、そんなに予算はつけられないという。しかし、これは嘘なのです。事実としてGNP一パーセント枠は過去に突破されています。いまも、元に戻っているのは財務省が九条に縛られているからではなく、財政が逼迫しているから出せないだけです。それでも防衛費は年間五兆円以上で、世界四位か五位。これだけ大規模な予算を使っているのに、財政的にコントロールされているというのは幼児的な願望思考です。実際、香山さんがいわれたように、防衛省がいまや大学にも金をばらまいているわけですね。九条で違憲の烙印を捺し続けることによって歯止めになっているというのは嘘なのです。むしろ逆に、九条があるゆえに、私のいう戦力統制規範、文民統制だとか、国会事前承認だとか、それから外国基地が置かれる地域の住民投票だとか、それから軍内部の法的統制装置である軍法会議だとか、絶対必要な法的統制が憲法の中に盛り込めない。それなのに相変わらず、実際九条があるから歯止めがかかっているというのは、欺瞞です。歯止めなどかかってない。既成事実がどんどん進んでいる。

香山　私も、憲法を変えることにはすごく抵抗がある護憲派です。それは、新しい憲法を恣意的に運用しないか、同じ過ちを繰り返さないかという意味での、世の中に対する、人々に対する信頼感がないのかもしれないのです。

井上　国民を信頼できないから国民投票によって国民に選択させないというなら、護憲派は民主主義者ではないことを自認しているわけです。エリートである私たちが国民に正しい道を、憲法解釈というかたちで教えてあげるから……。

香山　いや、少なくとも私はそんなことを思っていない。

井上　そういうことですよ。

差別——民主主義の臨界

香山　軍国主義に戻るかどうかは別として、井上さんは、いろいろと失敗から学んできたではないかといわれたけど、私には、そうではないと思わされることがたくさんあります。一例として私もかかわっている部落差別の問題。この日曜日〔二〇一七年六月二五日〕にもそのシンポジウムあったのです。小林よしのりさんも、被差別部落の差別には反対しておられますが、私は北海道出身の人間なので、あまり同和教育を受けたわけではなかった。それでも、現実にいまだ差別はあるとしても、それをなくさなければいけないということは、社会のベースとして、すでに解答が出たことだと思っていたのです。それでも厳然としてさまざまな差別がありますから、それはそれとして問題ですけど、ところがいまや、その方向とはまるで別の動きが出てきている。

示現舎という出版社を主宰する宮部龍彦という三〇代の青年が、戦後にあった「部落地名名鑑」というその後は抹消されていた資料、各県のどこに被差別部落があるということを網羅的に表示したものを、去年〔二〇一六年〕、突然、『全国部落調査復刻版』として復刻しようとしたのです。ネットにも全部公開した。これにはもうびっくりして、解放同盟の人たちが訴え、出版差し止めにして、いまは公開されていませんけれども、一度ネットに上がってしまったから、ミラーサイトといってその残像みたいなものがたくさんある。

鳥取ループと名乗っている人なのですが、その言い分がまたすごい。私なりに要約しますと、部落の人たちは堂々と誇りを持って生きようといっているじゃないですか、ということは部落民であることを高らかに掲げて、誇りを持って生きようといっているのだから、ぼくはそれを手伝ってあげただけだ、という類のことをいう。部落民を部落民といって、なぜ悪いんですか、といった居直りも感じられて、確信犯なのです。それをまた支援する人たちもけっこういる。

解放同盟の人なども、こういう現象はまったくこれまでとは違っていて、どう対処していいかわからないという。以前に戻ったというより、新たな現象で、これまでの長い闘いの歴史があたかもなかったかのように、「だって、あなたたち部落民でしょ。どうしてそれが悪いの？」と堂々といってのける人たちが……。

井上　被差別少数者に対する社会的差別というのは、民主主義的なプロセスをもって政策の失敗を是正するということとは少し性格が違う。安全保障政策をどうするのか、あるいは社会保障政策はどうかというとき、これは被差別少数者だけでなく国民全体にかかわる政策問題ですから、民主的立法過程に委ねるべきです。それに対して被差別少数者に対する国民マジョリティの偏見は、根強く、民主的プロセスにまかせて是正するのは難しい。この問題は憲法で、つまり被差別少数者個人の基本的人権を憲法で保障して、これを民主的立法によっても侵害されないものとし、違憲審査制で保障することが必要になってくる。それは民主主義の限界の問題なのです。

アメリカでも、南北戦争の後、合衆国憲法修正一三条*で奴隷制を廃止し、修正一五条*で選挙権の人種による差別は禁止したにもかかわらず、実際に黒人が選挙権を行使できるようになったのは一九六〇年代の公民権運動によってですから。一〇〇年間、なぜ行使できなかったか。州のレベルの選挙人登録法で、人頭税を払っていない者とか、識字能力がない者を選挙人名簿から排除する。これは建前上、白人にも適用されるのですが、標的とされたのは圧倒的に黒人だった。その意味では、被差別少数者に対するマジョリティの偏見は根強く、憲法で禁じても、差別的措置が民主的政治過程で簡単に解消されるわけではありません。しかし、修正一三条・修正一五条、さらに「平等保護」を定めた修正一四条のような憲法規範がなければ、公民権運動は推進されなかったでしょう。民主主義に固有の「多数の専制」の問題を克服するために、立憲主義的人権保障は十分条件ではないにしても必要不可欠の条件です。

＊アメリカ合衆国憲法修正第一三条

一　奴隷及び本人の意に反する労役は、当事者が犯罪に対する刑罰として正当に有罪の宣告を受けた場合以外は、合衆国内又はその管轄に属するいかなる地域内にも存在してはならない。

二　連邦議会は、適当な法律によって、本条の規定を施工する権限を有する。

修正第一四条

一　合衆国において出生し、または合衆国に帰化し、その管轄権に服する者は、すべて合衆国およびその居住する州の市民である。いかなる州も、合衆国市民の特権または免除特権を制約する法律を制定し、または執行してはならない。いかなる州も、法の適正な手続によらずに、何人からも、生命、自由または財産を奪ってはならない。また、その管轄内にある何人に対しても法の平等な保護を拒んではならない。

二　連邦議会は、適当な法律の制定によって、本条の規定を施行する権限を有する。

修正第一五条
一　合衆国市民の投票権は、人種、体色又は過去における労役の状態を理由として、合衆国又は州によって拒否又は制限されることはない。
二　連邦議会は、適当な法律の規定によって、本条の規定を施行する権限を有する。

香山　差別に対する、比較的若い世代の、これまでとは異質な態度というのは、例えば歴史を共有しようとして、「これまでにはこんな歴史があり、出来事があって、そのつどこんな風に乗り越え、そしてそれを積み重ねてきた」といおうとしても、「ぼくは、そんなこと知りません。そんなこと関係ないんです」と撥ね返されてしまう。これまでに積み重ねてきた議論は、もちろんその人が生まれる前の話ですから、その人の中には血肉化していない、伝承されていないわけです。さっきも言いかけたのは、その意味で社会としてこれまでの経験をなんらかのかたちで蓄積し、社会全体として学び、成熟していくということが本当にあるのだろうか、ということなのです。個人としての学びも否定し、「ぼくはだって見てないのですから、その時代には、生まれてないんですから仕方ないでしょ」と平然といってのける人を見ていると、人間が失敗や痛手から学んで、それがだんだんと歴史に刻まれ、個人にも蓄積し、社会として成熟していくことって本当にあるのだろうか、と懐疑的になってしまいます。

井上　いや、私はそこのところ、つまり差別解消の歩みはスパイラルを描くと思う。すぐにはなくならないし、それは長い時間がかかると思いますし、バックラッシュももちろんある。しかし、さっきいわれた宮部龍彦の例でいえば、その人物の動機は、身体化された差別感情とは少し違うような気がします。どちらかといえば、煽《あお》られて動いている。在特会（在日特権を許さない市民の会）系の在日韓国・朝鮮人を叩くという、あの乗り、あれと同じ感じで、今度は「穢多・非人」を叩いてやろうと、そしてそのとき、やつらのロジックをうまく転用してやればいいということでしょう。それは、はっきりいえば、遊びなのです、ゲームなのです。

香山　そう思います。しかし、差別煽動はゲームではなく、ジェノサイドにつながる深刻な事態です。

井上　本当に身体化された差別感情に根差す社会的差別がどこまで存在しているかを量るとすれば、それはやはり通婚率ですね。在日韓国・朝鮮人と、それ以外の日本人――この言い方もおかしいですけど――の通婚率はすごく高い。一年間に結婚した在日韓国・朝鮮人の中で、日本人と結婚した人の割合は、いまでは六割以上です。ところが、部落出身者についてはまだ少ない。ですから本当に有効な指標は、被差別部落出身者とそれ以外の人たちとの結婚が今後どの程度進んでいくかということでしょう。これには社会学的な実態調査が必要で、そちらの方が、差別を玩《もてあそ》ぶゲームのような現象よりも重要だと思う。ですから、徒花的《あだばなてき》におかしな言説がぽこぽこ、あぶくのように出てくることだけで、あまり右往左往するのではなく……。

権力の発生と言論の自由

香山　とはいえ、人権問題にかかわるさまざまな現場で、運動にかかわってきた側の人が、「これまでやってきたことは、いったいなんだったんだろう」と頭を抱えるような、これまでとは次元の違う差別や差別煽動を、最近よく見かけます。

井上　反差別運動の過程で、被差別集団の側自体が権力化するという問題もありますね。部落解放運動についていえば、解放同盟朝田派、共産党の解放運動連合会、自民党系の自由同和会と三つあります。解放同盟朝田派は、ある意味で同和行政を私物化したのです。朝田派を通さなければ補助金その他の行政的給付をもらえないようにした。いわゆる「窓口一本化」です。みんな怖くて、これを批判できなかった。『朝日新聞』をはじめとする大手新聞が批判できなかった。批判したのは外国人特派員と、もう一つ共産党の『赤旗』だけです。共産党は自分たちの組織を持っているから。こんな横暴をやっていると、解放運動を批判する側からも、「お前らが勝手にこんな酷《ひど》いことをやっておきながら、偉そうなことをいうな」と叩かれてしまう。反差別運動団体の側が、自分たちを守るために政治的に組織化して、その組織力を使おうとするのはわかるけれど、やはりそこに公平さを保持するということは自覚しなければ、また自分が叩かれる。

その点に関連させていえば、この前、一橋大学が百田尚樹を呼んでおきながら、内部からの批判で講演会を中止しましたね。私はその話を聞いたとき、実行委員会が呼んだのなら、周りが批判したからといって、中止にしたりせず、しゃべらせればいいではないかと思った。最初に公開された題目は、「現代社会とメディア」だった。ところが、実行委員会がまず何をいったかというと、政治的な話はしないで、彼の脚本とか文学作品についてだけしゃべってもらいます、と。それ、おかしいでしょ。メディアについて、好き勝手なことを百田にしゃべらせればいい。その上で、フロアから、あるいはコメンテーターとして徹底的に議論すればいいわけだ。それをせずに、結果的につぶしちゃった。私はあのとき、もうこれは、百田尚樹とそのシンパにいい口実を与えただけだと思った。「お前たちが言論弾圧をしているじゃないか。偉そうなことをいうな」ということになる、と。

香山　それには異論があるます。ご存じですか、その後、見返りのようにして、私の講演会もつぶされたのです。昨日〔二〇一七年六月二七日〕予定されていた、江東区の社会福祉協議会主催の、「子ども食堂」をテーマにした講演会だったのです。

百田講演会の中止という出来事があった直後、私が依頼されていた、講演会に対して、ヘイトスピーチをずっと続けてきた在特会の創始者、桜井誠氏が、「香山リカも今度、講演をするから、みんなで抗議しましょう」と呼びかけたのです。そしたら二〇件ぐらいの抗議が、「あんなやつに講演させるな」というクレームが主催者宛にきたのです。主催者の社会福祉協議会は、そのことですぐに講演会を取りやめにしてしまった（笑）。それ自体が大きな問題で……。

井上　トラブルを起こしたくないからということ？　会場で何か揉め事が予想されるから、と？

香山　中止になるまでには、私と主催者との間で何度もやり取りがあったのです。まず私から、桜井誠氏が呼びかけているから抗議がいくかもしれません、と情報を送りました。ただ、それはもうきわめて悪質な差別扇動主義者の嫌がらせですから、一切気にしなくても大丈夫です、と告げました。すると、「もう九件もきています」と、すでにもう動揺していました。そこで、「大丈夫です。彼らはいっているだけで、会場にくることはないし、私も知り合いを連れていくから」と。そんなやり取りをして説得を試みたのですが、突然一週間ほど前に、「やはり中止します」といってきた。「ちょっと待ってください。どうしたのですか」というと、「子ども食堂に関する講演会ですから、親子連れや子どももきますから、怖《こわ》い思いをさせたくないのです」という。「怖い思いとはなんのことでしょうか」と尋ねると、「例えば、そういう人たちがやってきて、おかしなビラを会場の外でまくとか。うん、でもビラは怖くないか」と自問自答しているのです。「他には？」と訊くと、「会場で変な質問をしたり、発言したりするかもしれない」。「暴れるなんて、そんな勇気のある人はいませんし、質問ぐらいはする人がもしかしたらいるかもしれないけど、そこは私、慣れていますから、うまく雰囲気が悪くならないように答えて、紛糾しないようにできますから」と言いました。

だいぶねばったのですが、「いや。もう上が決定したことですから、やめます」という。「やめるのはけっこうです。私はどうしても講演をしたいわけではない。しかし、いまもし中止を発表したら、それに対する大きなリアクションが予想されます。言論の自由はまさにいますごくホットな話題で、世の中が敏感になっていますから、そちらに苦情と批判がいくと思いますよ」と言いました。「社会問題化すると思います」とまでいったのに、そのことがわかっていない。「いや、そんなことにはならない」と(笑)。

いくつか例を挙げて、「例えば、会田誠さんという人の美術展で、安倍首相を批判する展示をキュレーターが外したら抗議が殺到して、そのキュレーターがすごく批判された例もありました」、「『ザ・コーヴ』〔監督、ルイ・シホヨス。二〇〇九年〕という、太地町のイルカ漁をドキュメントした映画を上映しようとしたら、さまざまな圧力がかかって中止になり、そこでまた賛否両論の渦になって」といろいろいってみましたが、とにかく厄介なことはしたくない、と。「この場合は、やめる方が厄介なことになります」と、こちらも何か脅《おど》しみたいになってしまって。それでも、「もう決まったことですから」と。

井上　「上が決定した」の「上」とは？　社会福祉協議会ってステータスは？　公益法人？役人がやっぱり天下っているの？

香山　江戸川区の社会福祉法人です。
中止を発表したらすぐに、『朝日新聞』に出て、みんな一斉に抗議をした。「在特会の脅しで、なぜやめるんだ。やつらの思うつぼだ」と。一方、桜井誠氏たちは、「因果応報だ」と、「そっちは百田さんの講演会をつぶしたんだから、それは当然ですね」と勝ち誇っていた。

井上　主催者側と会場提供者の事なかれ主義もあるかもしれませんね。
しかし、ここで露わになっているのは、運動の論理です。日本において立憲民主主義がまだまだ未熟なのは、それぞれが自分たちの党派的な政治目的を実現するためには手段を選ばないということです。表現の自由や言論の自由という言葉も、自分たちがそれを享受するときだけに使って、相手に対してはそれを認めない。言論の自由とは何かといえば、本当は自分の敵の

言論の自由を守ってこそ、言論の自由なのです。

香山 いいえ、私は百田尚樹さんの講演会に抗議はしていない。抗議はしていないけど、抗議の自由はあるので、一橋大学における百田講演会の意味については、ひと言、言いたい。在特会が社会福祉協議会に抗議することは、それはそれでいいのです。ただ、百田さんの場合は、百田さんが嫌いだからという理由で抗議した人もいたかもしれませんが、多くの人は違うと思います。彼は、千葉大学で医者によるレイプ事件があったとき、「犯人は在日外国人ではないかと思います」と発言するなど、やはり中国・韓国に対する差別感情があると思われるのです。そこで、抗議の一応のロジックとしては、一橋大学のように留学生も多い環境で、中国・韓国に対する差別感情を隠さない人を呼んで講演させることには賛成できないと、その意見を表明する自由は……。

井上 それはいいですが、賛成できないということと、講演会自体をやめさせるということとは、また別です。

香山 いや、やめさせろとはいっていないし、発信もしていない。差別をさせないで、ということです。一橋大学には留学生も大勢います。

井上 抗議したい人たちは、講演会に自分たちも出て、あるいは実行団体に対して有料ですけれど、チケットの何パーセントかをこちらに提供しろという要求をする。それでフロアから批判すればよかった、と私は思う。

香山　もちろん、その反対している人の中にも、「チケットは買いました。行きます」という人もいました。いま、百田さんが、「この人たちにつぶされた」といっている一橋大学の団体は、署名も集めていましたが、やるならとにかく差別発言はさせないというルールを、講演の中で中国がどうした、韓国がどうしたということをいわせないというルールをつくってほしいと求めていたのです。中止しろといっていたわけではない。

結局、実行委員会が騒動を回避したくてやめたのでしょう。つまり、どこでなされたものかはわかりませんが、理由が曖昧な中での中止の判断はよくなかったと思います。しかし、それを百田さんは、「つぶされた」、「言論弾圧」だといって、攻撃材料に使っている。在日の博士課程の院生が中心になってやっていたサークルが、いますごく攻撃されています。それと対《つい》にして、子ども食堂をめぐる講演会を、子ども食堂に反対しているから、これはやめてほしいというなら、まだ話はわかるのですけど……。

井上　それって、いったいなんでしょうね。思想の問題ではないですね。なんとなく勝手に自分たちで右・左と決めちゃって、「赤組、白組。赤勝て、白勝て」とやっているのと同じじゃないですか？

香山　私が、百田さんの講演会をつぶすために動いたというなら、まだわかるのですけど、なにも私は、その講演会に反対する旗を立て、「中止に追い込みましょう」などとひと言もいっていない。もろ手を挙げてそれに賛成はしていません。彼の差別主義的なところは嫌いですから。なぜだかよくはわかりませんが、私はともかくそちら側の人間だと勝手に位置づけて、百田さんの講演会中止の恨みを、私の講演会を標的にして晴らそうということは、まるで筋が違って……。

井上　右・左の思想闘争ならまだ、考えのおよぶところもあるのですが――それでも闘争のルールはあると思います。どうもいまのネトウヨ――と呼んでいいのかどうか――、いろんな場面で叫んでいる人たちの発言や行動は、思想的コミットメントになっていない。相手がどんな人か、いかなる思想と立場の人間かなど問題にもせずに、ただ自分たちのお仲間と敵とに分ける。そんな敵・味方思考しかなくて……。

香山　そうなのです。私もなにかといえばすぐ、「そっち界隈の人」といわれるのですが、こっち界隈も、そっち界隈も何もあったものじゃない。私は別に、百田さんの講演会に反対していた人たちと日夜一緒にいるわけでもないし、同じ信条を共有しているわけでもない。ただ、個人として差別には反対しています。

危機感のない、右と左のゲーム

井上　私は、五月二七日〔二〇一七年〕に放送された「朝まで生テレビ！」で、百田尚樹と同席しました。あのとき激論になったのですが、私の彼に対する批判は、ある種の内在的批判なのです。彼は、日米安保は六〇年間、日本が「ただ乗り」してきたのだと言います。それに対して私は、それはアメリカのスポークスマンになったような話で、あなたが本当に「右」なら絶対にいえないことだといった。日本が「ただ乗り」していると、アメリカがいうのはアメリカのエゴとして理解はできるが、これはまったく不当な言いがかりです。日本は在日米軍基地を、それも世界最大の海外の軍事拠点をほとんどただ同然で提供している。日本の方が提供しているものは質量ともに大きい。在日米軍基地があることによって日本は、アメリカが勝手に戦争しても、攻撃されるリスクを背負っているわけですから。何よりも、かつて鬼畜米英といっていたあの米軍の基地を置くということで、ナショナル・プライドに負う傷というのはすごいわけですから。もし本当の右だったら、そういう日本が払っているコストを考えなければならないはずなのに、「ただ乗り」と彼はいう。「あなたは、本当に右なのか?」と私は怒った。右なら、本当に右としての姿勢を貫こうとする人であれば、私はそれなりに尊敬する。保守主義者として安倍政権の対米従属根性を批判している小林よしのりがたまたま隣にいたけれど、彼はこの点ではまともな「右」です。百田尚樹は日本の国家的自尊を捨てて米国の尻馬に乗っている似非右翼。私のこの批判に対して彼は反論できなかった。それは、内在的批判だからです。要は、右ならば右らしくしろ、ということだから。

その後、私の研究室に、匿名でハガキがきました。私がSNSをやらないことを知っているせいかどうかはわからないけれど、「井上達夫様」とあって、裏に印刷した文があり、筆跡すらわからないようにしてある。それだけでも卑劣だけれど、内容も罵詈雑言だけ。私のいったことが気にくわなければ、百田尚樹を擁護する議論をすればいいのに、それは何もない。「お前のヒゲは汚い」だとか、お前は生活保護を受けている連中と同じ社会のクズだ」とか、そんなことしか書いていない。なかでもびっくりしたのは、「自分のまわりにいる学生をお仲間にして、取り巻きにしていい気分でいない方がいいよ。それだと、お前が嫌いな安倍首相と同じだろう」なんて書いてある。何を妄想しているのかと、正直呆れました。

最後の言いがかりに関して、コメントしておけば、例えば、私の還暦記念論集（瀧川裕英・大屋雄裕・谷口功一編『逞しきリベラリストとその批判者たち――井上達夫の法哲学』ナカニシヤ出版、二〇一五年）をわが門下生たちが刊行してくれたのですが、その内容はすべて私に対する批判、集中砲火です。しかもその本の中では私に反論権を与えていない。これがアメリカだったら、例えば『ドゥオーキンとその批判者たち』という記念論集であれば、その中にドゥオーキン（ロナルド。法哲学者。一九三一―二〇一三年）の応答を載せていますが、私の応答は載せていない。私へのサプライズ・プレゼントだからというわけですが、こんな集中砲火をサプライズで贈られて喜ぶほど、私はマゾではない。そこで、『法と哲学』という私が責任編集する雑誌で七万字の応答を書きました。私が「お仲間にし、取り巻きにしている」とこの匿名人物がいっているとおぼしき弟子たちと私との関係は、ものすごく論争的な関係だということが、ちょっと調べればわかるはずなのに、そんなことは何もしない。要は、ただ叩きたくて叩いている。

でも、百田尚樹に対して私がいったことは、「右なら右らしくしろ」ということなのだから、それに対する応答なり批判なりをすればいいのに、彼らはそれをしようとしない。アメリカのスポークスマンをするということがどれだけ右として破綻しているかという指摘なのに、それを思想的な問題として受け止めていない。ただ単に、自分たちのお仲間の、それもスターの一人である百田尚樹が井上達夫に叩かれた、面白くない、だから叩き返すという、これだけ。考えてみれば、本当に怖いことです。

いま、朝鮮半島情勢が、これだけ緊迫していますね。そんな中で、私が一番心配しているのは、こうした自称「右」の連中の危機感が実はゼロだということなのです。彼らは、護憲派を平和ボケと呼んできたけれど、本当に平和ボケがひどいのは「右」と称する連中で、そのことは安倍首相のあの改憲案にも現れている。

安倍改憲案は戦力の保有・行使を禁じた九条二項はそのまま残し、三項を追加して自衛隊を認知している。これは、自衛隊は戦力ではない実力組織だという現在の虚構をそのまま憲法で明文化することになるわけです。戦力すなわち軍隊としてきちんと認知されない限り、自衛隊はまともな防衛のための軍事行動ができません。日本の領土・領海のうちで武力衝突が起こる可能性がこれだけ高まっていて、しかも日本の迎撃能力は大してない。というよりもミサイル迎撃態勢ははっきりいってザルです。だとしたら、こんな中途半端なことではだめだと、右の側が安倍首相を叱らなければいけない。この問題をめぐっては、BSフジのプライムニュースで二回討論しました。最初は改憲派憲法学者の西修〔一九四〇— 年〕。彼もいままで自衛隊を国防軍として認知するという立場だったのが、ころっと変えて、安倍首相に追従して九条二項を残したまま三項を付加するという。その後、二回目の討論相手だった日本会議の百地章《ももちあきら》（憲法学者。一九四六― 年）もやっぱり九条の二項を残すという安倍改憲案に追従している。* 安倍を叱らなきゃいけないはずの「右」が、もうまったくその役割を果たそうとしない。相変わらず自衛隊は戦力ではないからOKという虚構に浸り、軍事衝突の危険への対処という現実的問題と向き合うことから逃避している。

＊ 本対談終了後、二〇一七年一〇月二日にも、BSフジのプライムニュースで保守の論客である櫻井よし子と改憲問題で討論したが、彼女もまた、自衛隊を戦力として認知せよという自己の立場を棚上げして、安倍改憲案を擁護した。

米国が北朝鮮に対して軍事行動を起こし、北朝鮮が在日米軍基地のある日本にミサイル攻撃してきたら、一体どうするのか、という本当の意味での危機感は安倍政権にもないのです。だから、トランプの国連演説での「北朝鮮完全破壊」という、日本の安全保障にとってきわめて危険な挑発的言動の尻馬に乗って、「対話より圧力」などといっていい気になっている。軍事衝突への対応体制がまともに整備されていないのに、軍事衝突を挑発するトランプに追従するのは、「どのみち戦争は起こらないよね」という願望思考に支配されているからだとしか思えない。ですから右も左も平和ボケ。左は九条を死文化させても残そうとする。右は無意味な変更でもいいから、変えたということだけで自己満足。

香山　ただ、いまは改憲派が圧倒的なパワーを有していますから、そこで左は「平和ボケ」だということは、リベラルにとどめを刺すことになりかねません。

軍事研究

香山　三項を付加するときにも、国民投票はあるわけですね？

井上　ありますよ、もちろん。

香山　ならば、国会で堂々と議論すればいいはずですね。

先日、ノーベル賞を受賞した理論物理学の益川敏英《ますかわとしひで》〔一九四〇— 年〕さんと、軍事研究について公開対談をすることになりました。さっきいった、防衛装備庁が一一〇億円の予算枠で、研究を公募するという問題をめぐるものだったのですが、益川さんは「防衛装備庁がそんな予算をつけるよりも、堂々と国会で議論して、本当に軍事技術の研究が必要なら、科学研究費として出せばいい」というのです。「文部科学省が出すべきだ」と。「防衛装備庁が提供する研究資金を、あくまでも基礎研究だという姑息な言い訳をしながらこそこそやるのではなくて、きちんと国会で議論し、それでいま、日本は本当に軍事技術の研究をしなければならないのだということを認めさせ、堂々と科研費として提供すればいいのに、抜け道のようなものをつくろうとすることが嫌だ」といわれて、私は「なるほど」と思った。

井上 さきほどの言葉の問題に戻りますけれど、軍事研究かどうかもある意味でレッテルなのです。

香山 防衛装備庁は、研究費支給の対象となるのが軍事研究だとはいっていない。「基礎研究だ」という。

井上 研究成果のデュアル・ユース（軍事的利用と平和的利用の両面的可能性）の定義からして、ともかく揉めます。基礎研究にしろなんにしろ、あらゆるものは実はデュアル・ユースになる。どんなものも軍事転用できてしまう。

香山 それはそうなのですが、やはり予算の出どころは問題です。防衛装備庁から予算がついた研究開発で、「これ、本当にうまいコーヒーの研究です」といわれても、果たして防衛装備庁がうまいコーヒーをつくる研究にお金を出すかなと、普通は思うじゃないですか。どんな基礎研究であっても、いつかは軍事技術に転用されていくのだろうとは思いますが。

井上　そういうふうにいってしまえば、すべてがそうだということにもなります。他方、逆の問題もあるのです。少し話が飛ぶように思われるかもしれないけれど、八〇年代に日本に対してアメリカがやったジャパン・バッシング。経済大国日本の輸出攻勢に対して、かなりのバッシングをやった。そのとき、通商産業省を中心としてやっている産業政策がけしからんと、日本企業の競争力をアップするために政府が積極的に加担していると、それはけしからんといって批判した。しかし、アメリカも産業政策はやっているのです。アメリカには日本の通産省に当たる組織はない。どこがアメリカの産業政策の基盤かというとペンタゴン（国防総省）なのです。ペンタゴンは、膨大な予算を、基礎研究も含めて軍事予算を持っているから。

香山　それは、そうです。

井上　前にも言いましたが（この対談の前編『トランプ症候群』ぷねうま舎、二〇一七年、六七―六八頁）、その象徴的事例がインターネットです。インターネットは軍事的な情報ネットワークをつくる際に、それがハブ・アンド・スポークで、つまり中心（ハブ＝拠点）から放射状に周辺（スポーク）へ、また周辺から中心への戦略的ネットワークだったら、中心をやられたら情報システムの全体が崩壊してしまうから、中枢のない分散的な情報システムをつくるべく軍事研究をやった後に、民需移転したわけですね。それがシリコンバレーでＩＴ産業になってくる。ですから、もはやある意味で軍事研究と産業政策的なものとの区別はできない。非軍事研究だと称して軍事研究に使われるというものもあるけれど、逆に軍事研究から出発したものが民需移転して広がっていくこともある。インターネットは、なかったほうがいいのか、という(笑)。

香山 ですから、軍事研究には反対だというと、いまのようにすぐ反論される。「じゃ、お前たち、インターネットは使うな」とか、「……という技術も軍事研究の転用だから、それも使うな」といわれる。でもそれは違う。結果としてそうなるのだからという話と、誰が、どこに選択的に資金を流すのかという話とは違うと思います。

井上 私は、軍事・非軍事の色分けにこだわって一所懸命になったら、形而上学になってしまうと思う。これは軍事に転用されるとか、転用されないとかを判断基準にしようとしたら。

香山 いえ、それはしていない。少なくともそこが問題のポイントではない。防衛装備庁の予算としての一一〇億円というのが問題で、しかも来年以降、さらに拡大するといわれている。

井上 そこは確かにそうで、それをするなら科研費で出せという、益川さんの意見が正論だと思います。

香山 そうです。それを堂々とやれということです。そうしたら、こちらも堂々とその危険性を指摘します。

基礎研究を守れ

井上　でもそれを言い出すと、関連してもう一つ怖いのが製薬会社です。科研費は、特別のカテゴリーを除く、通常の支出が年間二五〇〇億円。これに対し、製薬会社から出る寄付や委託研究費が年間四五〇〇億円だという。正規に報告されたものだけでですよ。公表されていないものも含めると五〇〇〇億円をはるかに越えるといわれている。つまり、科研費の二倍ぐらいになる。ということは、治験《ちけん》のデータで捏造《ねつぞう》や、そのための協力要請といった局面で、生命科学や医学分野の研究者がどちらのいうことを聞くかというと、これは明らかでしょう。この問題はですから、防衛省が金を出すということだけにかかわりなく、その研究費の出どころはどこかという問題なので、これはすごく大きな問題だ、と私は思っている。

香山　医学研究では、いわゆる利益相反、一方の利益になると同時に他方の不利益になる、その落差はものすごいものだから、研究発表の前に十何分もかけて、「私は、この一年の間、ここから資金提供を受けました。あちらからもらいました。そちらの講演はやりました」と、すべていってから発表を始めるということになってしまっています。

井上　私は、日本学術会議の委員を九年やりました。研究不正に関する問題で「科学者行動規範」をつくった委員会のメンバーでもあったのですが、そういうものをいくらつくっても、研究不正はなくならない。その根幹は結局、基盤経費をどんどん削られていって、短期的な競争資金が中心になってきたというところにあると思う。それが何をもたらしているかといえば、研究者として長くて五年もの、五年をかけて成果を上げられるもの、そんなもので回していかなければならなくなる。つまり、成果を上げたように見せなければ研究をつないでいけない。そうすると研究不正など誰もやりたくはなくても、やらざるをえない圧迫がくるのです。基盤経費が削られてきついということは、人文社会科学系では前からいわれていたことです。もう学術雑誌も買いそろえられない。単行本は科研費で買ってくれ、となる。

それがいま、理科系でも問題になっている。例えば、ノック・アウト・マウス〔遺伝子と機能との関係を調べるための遺伝子組換えマウス〕は、生命科学分野の研究のための基礎的な実験材料ですね。それも基盤研究費ではまかなえなくなって、競争的資金に依存しているらしい。これは本来おかしなことで、短期の競争的資金の分配対象は、近い将来に発明発見が予想され、いずれ実用化される見込みで知財獲得につながるようなものであるはずなので、民間の企業に任せればいいわけでしょう。大学のような研究機関は、実用性があるかどうかわからない、すぐに成果が出ないというリスクがある、そういう長期的な基礎研究をやるべきで、これは短期的な競争的資金ではだめなのです。そのための基盤研究費を削らずに充実させれば、いくつもプロジェクトをつくって、どこかから金を持ってこなければならないという圧力がなくなると思うのです。

ここにあるのは構造的問題で、いま、研究者は始終そんな状況に置かれているから、金をくれるならどこでもいいやと、防衛省でもどこでも、それをもらわないと回っていかないのだからというような……。

香山　ほんと、ほんと。それはそう思います。さきほどの百田尚樹さんのケースも大学で起きたことで、そちらの方向で大学がどうあるべきかは、それとして大きな問題ですけど、安倍首相の文教政策だと、大学はどんどん実用的な課題に取り組めと、それこそ短期的に役立つ人材を育てろ、といった方向に行きそうですね。

井上　政府の研究資源分配政策の関係者の中には、「哲学なんかいらない」といっている人もいますからね。しかも、大学でも、哲学科という名前を部局の名称から消してしまって、行動科学研究などと改名しているところもあるらしい。そのうち、講義名からも、「哲学」という表現は消えるかもしれない。

戦後的なるものの否定

香山　かつて資本主義陣営と社会主義陣営という対立軸があった頃は、その緊張関係の上にある種の持続的な価値意識のマップができていたような気がするのですが、いまは緊張関係自体が多元的になってしまっていて、状況としては圧倒的に右側、権力側が強い。さきほどもその中では振舞い方に注意が必要という話をしましたが、この事態をどう捉えるのかが……。

井上　これまでの対立軸とは異なる、別の思想的対立軸が出てきた、とは私は思わない。さっきも話に出た、ネット上の右というのは思想性がない。没思想です。ただいい加減な徒党集団であって、自分たちが味方と敵とを分けて……。

香山　彼らの敵は、リベラル、『朝日新聞』といった、どれも仮想敵ですね。護憲も含めて戦後民主主義といわれてきたもの、戦後的なリベラル――リベラルというと正確ではないかもしれませんが――、要は民主主義的といわれてきたものに対する強烈なアンチがいまの状況を支

配していることではないですか、差別はいけないことだという価値意識も含めて。その「戦後……」的なるものこそ、「間違っていたのだ」という決めつけですね。その「敵」なるものの象徴が『朝日新聞』的なものという構図です。『朝日新聞』がなんたるか、よく知らなくても叩くことはできる、と。

『朝日新聞』に対する集団訴訟があって、当初の原告は二万三〇〇〇人に達していたといわれます。いまでは減りましたけど、その人たちは、自分たちの「名誉が『朝日新聞』によって著しく傷つけられたから、一万円の慰謝料を請求する」と。慰安婦問題での吉田清治証言をめぐる扱いに端を発した訴訟ですが、提訴の母体として、「朝日新聞を糺《ただ》す国民会議」なるものができ、「朝日新聞を糺す国会議員の会」から「地方議員の会」までできた。一万円の慰謝料といっても二万人いるわけですから、す

ごい金額になります。

一審は請求棄却になったようですが、慰安婦をめぐる誤った報道で、国民の威信、つまり自分たちが傷ついたのだと主張する。しかし、この「傷ついた」といっている人たちが、『朝日新聞』の読者かどうかもわからない。とにかく『朝日新聞』に象徴されるものに、自分たち国民が本来持っているはずだった名誉が傷つけられたのだという。そこにはもう、強烈な憎しみのようなものがあるのです。

井上　ネオナチの若者たちが、かつてそうだった。似ているようです。メジャーな言論機関から自分たちは排除されているという、被害者意識なのですよ。ですから象徴的暴力というあり方で、社会の関心を引きつけているのだと思う。

香山　安倍首相も、そういえば、同じ穴の狢《むじな》なのではないでしょうか。自分は被害者だと思っているのではないかな、ずっと。

ポルノグラフィをめぐる、規制と自由のねじれ

井上 さっきの訴訟に関していうと、まったく違ったイシューで、異なった思想、あるいは立場が、同じ手法を使っているということがある。それはフェミニズムの問題です。ポルノグラフィをめぐって、保守派とフェミニストが意図的ではないにしても結果的に連携してしまうかたちになる。伝統的なリベラルは、ポルノグラフィも含めて、作品内容にかかわらず表現の自由を擁護しようとしたのです。それがくだらないと思ったら、言説で批判すればいいだけの話だ、と。ところがラディカル・フェミニズムでは、ポルノグラフィ自体が女性を単に性欲を満たす客体として扱っているとして、それ自身はもう表現ではない、女性に対する危害的行為であるとするのです。しかもその被害者は、特定の女性というよりは、集団としての女性自身だとする。

そして、これは法的に規制するべきだという。そのための手段として選ぶのは、さすがに検

閲制度や刑罰は要求していませんが、ではどんな規制手段を使うかというと、キャサリン・マッキノン〔法学者・弁護士。一九四六―年〕と、それからアンドレア・ドウォーキン〔法学者。一九四六―二〇〇五年〕という二人のフェミニストが中心になってやったことなのですけれど、民事制裁を課す条例を自治体につくらせようとした。いわゆる「反ポルノグラフィ公民権条例」で、こういう条例のモデル案を提示した。

そこでは不法行為法の二つの民事的制裁手段を採用したのです。一つは検閲の代わりに、ポルノとみなされた作品の販売・流通の「差し止め」をする。もう一つは「懲罰的損害賠償」です。これは日本にはないのですが、出版社や映画会社が倒産するほどの損害賠償を科す。かつ原告適格は女性なら誰でもいいとした。その結果、この手法を真似た条例が、その意図に反して保守派にも利用されてしまった。カナダだったか、どこかのある自治体がこの種の条例を採用したらしいのですが、最初にその条例で制裁対象にされたのが、黒人の女性でレズビアンである作家の作品だった。女性の解放とはまるで違う狙いをもつ保守派も、その条例の手法を使おうとするわけです。

香山　その手法とは少しずれるかもしれませんが、いまの話を聞いていて、ポルノグラフィをめぐって日本でも似たことが起きていると思いました。それはいわゆるAV〔アダルト・ビデオ）の問題で、フェミニズムのポルノグラフィ批判に対して、AVAN（アダルト・ビデオ・アクターズ・アンド・アクトレス・ネットワーク）というグループがあって、上野千鶴子さん〔社会学者。フェミニスト。一九四八―年〕もその顧問をやっているのですが、そこが重視するのはAV女優の人たちの、出演する権利、いわゆる性の自己決定権の主張なのです。

「表現者が意思に反して出演を強いられることは、絶対に許されません」とした上で、自分で納得し、自分で決めて出ている人の権利については、「成人向け映像の表現者にも、仕事をする権利があります。私たちは、自己決定権を強く主張して自立を求め、業界に健全化を促すことで、働く自由を守ります」として、それが表現の自由なのだと主張している団体があるのです。

でも一方で、どちらかといえば、強要され、騙されて出ているので、自己決定だというのは欺瞞であり、それこそが収奪の証拠だという主張をしている女性たちのグループもあり、その対立がいま大きな社会問題になっているのです。公明党がAV被害対策チームをつくっているようなのですが、国会において超党派でAV業界に提言を行う「AV業界改革推進有識者委員会」という第三者機関までできた。それは、AV強要を規制する、取り締まるものになっていくのかもしれませんが、他方にそれは表現の自由なのだから立ち入るなと、本人が出たくて出ているのだから、それを取り締まったり、規制をかけてはならない、と主張している人がいて、その両方のせめぎあいになっている。

井上　規制しようとする側の論理は、実際に強要があった場合には、被害者は告発したくてもできない状況に置かれているのだから、ということなのでしょうか。

香山　女優・男優たちの中からも告発する人が出始めたので、そういう動きになったのです。まず、「騙されて」ということは、それこそＡＶは顔と名前を隠して出ている人も多いので、騙される条件はあるということがあります。「訴える」ことがもう社会的にバレてしまうことだという問題があります。

先日、レイプされたことを記者会見して告発した、フリージャーナリストの伊藤詩織《しおり》さんのケースのように〔『トランプ症候群』前掲、一六八頁参照〕、二次被害というべき問題も起こりうるわけですから。ただ、いままでいえなかったのだけれどもと、何人かが顔と名前を出して、「こういういきさつで騙されてしまった」とか、「もう断ることのできない雰囲気の中で出た」と告発する人が出てきたのです。

井上　それ自体は、いいことですね。

香山　けれどそうなると、今度は「表現の自由派」といった人たちがいて、対立することになる。そこでは逆に、女性の自己決定権をむしろ規制することで、やっぱり女性は決められない存在だといった差別的な位置づけに……。

井上 逆にね。

香山 そう。女性差別に押し戻しているではないか、という。ここは難しい。

井上 その問題は難しいですね。

護憲的改憲という対抗運動を

香山 鶴見俊輔さん〔哲学者。「思想の科学研究会」メンバー。一九二二―二〇一五年〕だったと思いますが、第二次大戦直前の社会と自分を回顧された中で、社会の歯車がある時点でどこかががちっと嚙み合った途端に、戦争に転がり始めた。その動きは誰にも押しとどめようがないものだった、といわれていたように思います。それはもう批判的論理や対抗的な運動を無効にしてしまう。だから、坂を転がり始める前の、社会の歯車が嚙み合うその瞬間に敏感でなければならない、という文脈でいわれたことだったと思います。

さきほど自由と平和と民主主義といったいくつかの戦後的シンボルのようなものが、崩れつつあり、もうほとんど憎悪の対象にすらなっているのではないかと言いました。憲法九条もその一つだと思いますが、理屈を超えた津波のような現象の中で、戦争への傾斜に歯止めをかけようとした、戦後的なるものの象徴が失われつつある。その意味で、坂を転がり始めているのではないか、と思われるところがあるのです。

井上 だからこそ、護憲派は自分たちの政治的本音を明示した対抗的改憲案、いわゆる護憲的改憲を提示して、運動しなければだめだといっているのです。だって専守防衛はＯＫだというのが彼らの本音だし、理想としては非武装中立といっていますけれど、これは口先だけで、本気で自衛隊を廃止したり武装解除するつもりはないのですから。彼らのこの欺瞞はもうバレバレで、そこで開き直って、政治的には専守防衛の自衛戦力は保持すべきだと公言する護憲派もいる。だとしたら改憲プロセスを凍結することによって闘おうという戦略ではだめなのです。戦後的自明性の崩壊という現実の政治力学と闘おうと思ったら、戦後的自明性が自明ではなくなったのに、自明であるかのような振りをしていてはだめなわけで、それを意識化して、対抗的価値として自分たちが推進する運動をしないと、自明性を掘り崩す側にやられっぱなしになります。鶴見俊輔だって、一九九八年に『朝日新聞』のインタビューで、「憲法改正に関する国民投票を恐れてはいけない。……護憲派が四対六で負けるかもしれない。それでも四は残る。四あることは力になる」といってるのですよ。

香山 新九条を提起している人たちもいますね。

井上 そう、新九条の護憲的改憲。

香山 カタログハウスの斎藤駿さん〔『通販生活』創刊。一九三五―年〕や今井一さん〔ジャーナリスト。一九五四―年〕とか。

井上 いま、私が、護憲派にとって一番緊急性があると思っているのは、九条二項を残す安倍首相の中途半端な改憲案にすら反対して、「九条に指一本触れさせない」という固陋《ころう》な立場にしがみつくことではないのです。安倍改憲案は、あのままでは、本当に衆参両院三分の二の同意を得て発議できるかどうかも怪しい。あれほど中途半端なもの、右からも反対が出てくるだろうと思っている。実際、石破茂〔自民党衆議院議員。一九五七―年〕が反対しているしね。

護憲派の本当の危機は、憲法改正論議のイニシアティヴを常に「右」にとられていることです。護憲派はそれに対して受動的抵抗をするだけだから、これだともう時間の問題なのです、いつかはきますから。そのときにカウンター・バランスがないままに進めてしまうと、右の方の改憲案になってしまうでしょう。だからまず、自分たちの発議案が通るか通らないかは別にして、対抗的発議案を出し、憲法審査会でも、こういった考え方があるのだということを、国民に見えるかたちにして、もっと論議しなければならない。

もう一つの緊急の課題は国民投票法（日本国憲法の改正手続に関する法律）の改正です。安倍政権が本当に二〇二〇年までに改憲を実現しようとするなら、早くて二〇一八年か一九年に国会で改正が発議され、国民投票にかけられるでしょう。しかし、現行の国民投票法*では発議後、国民投票に至るまでに、国民的熟議を公正なかたちで遂行する機会が十分に保証されない恐れがある。現在の国民投票法にはいろいろ問題があります。

一つは発議してから国民投票までの期間が短い。最短で二カ月、長くても六カ月以内で投票ですから。国民的な議論のための十分な時間が取れるかという問題がある。しかも、国民投票広報協議会が、憲法改正案の要旨・新旧対照表、さらに、その内容のわかりやすい説明と反対論・賛成論の論旨とを記載した公報をつくって、国民に判断材料として提供することになっているのですが、協議会がこの公報を中央選挙管理会に送付するのは、投票日の一カ月前でいいことになっている。

さらに、いま最も深刻な問題になっているのは広告放送。広告放送の規制は期間についての規制しかないのです。国民投票の二週間前までしか広告放送はできませんとなっているだけ。

二週間前までなら、広告放送にかけられるお金の規制は一切なし、やりたい放題です。だから資金力のあるところが、例えば電通など大手広告代理店がおさえている広告放送時間帯を買い取ってしまって、ぶわーっと怒濤のように広告を流すことが可能なのです。もうサブリミナル〔潜在意識に働きかけることで効果を狙う手法〕なりなんなり、やろうとすればできる。

イギリスでは、EU離脱国民投票のときは、きちんと広告放送に使われるお金の上限規制があったのです。保守党が七〇〇万ポンドで労働党が五五〇万ポンド。そういうことをしないと、危ない状況なのは明らかで、ジャーナリストの今井一をはじめとする「国民投票／住民投票」情報室の人たちは、国民投票法の改正の必要を訴えているのですが、護憲派はそもそも国民投票法の制定に反対だったから、国民投票法の改正ということすら対抗的運動として立ち上げようとしない。しかしいずれは、国民投票をしなければならないわけですね。専守防衛・個別的自衛権の枠を越える改憲案が発議されたとしても、そこで覆すことだってありうるわけだ。ですから私は、戦後的自明性が突き崩されているのに消極的抵抗だけしかしないのなら、もうこれは抵抗にならないといっているのです、もっと積極的な攻勢に打って出ないと。

＊　日本国憲法の改正手続に関する法律第二条
国民投票は、国会が憲法改正を発議した日（国会法（昭和二十二年法律第七十九号）第六十八条の

五第一項 の規定により国会が日本国憲法第九十六条第一項 に定める日本国憲法 の改正の発議をし、国民に提案したものとされる日をいう。第百条の二において同じ。）から起算して六十日以後百八十日以内において、国会の議決した期日に行う。

第十四条

1 協議会は、次に掲げる事務を行う。

一 国会の発議に係る憲法改正案およびその要旨並びに憲法改正案に係る新旧対照表その他参考となるべき事項に関する分かりやすい説明並びに憲法改正案を発議するに当たって出された賛成意見および反対意見を掲載した国民投票公報の原稿の作成

二 第六五条の憲法改正案〔投票記載所に掲示する改正案〕の要旨の作成

2 協議会が、前項第一号、第二号などの事務を行うに当たっては、憲法改正案およびその要旨並びに憲法改正案に係る新旧対照表その他参考となるべき事項に関する分かりやすい説明に関する記載等については客観的かつ中立的に行うとともに、憲法改正案に対する賛成意見および反対意見の記載等については公正かつ平等に扱うものとする。

第十八条

① 協議会は第十四条第一項第一号の国民投票公報の原稿を作成したときは、これを国民投票の期日前三十日までに中央選挙管理会に送付しなければならない。

第四十七条

1 投票は、国民投票に係る憲法改正案ごとに、一人一票に限る。

第百五条

1 何人も、国民投票の期日前十四日に当たる日から国民投票の期日までの間においては、次条の規定による場合〔国民投票広報協議会及び政党等による放送〕を除くほか、放送事業者の放送設備を使用して、国民投票運動のための広告放送をし、又はさせることができない。

香山　そこが、どういえばいいのか難しいのですが、特定秘密保護法以降、共謀罪にいたるまで、さまざまなものが矢継ぎ早に出され、いろいろなことが提起されて、それに対してほぼ同じ人たち、同じ運動体が対処しなければならないという状況が生まれているから、もうその暇がない。私ももちろんそのすべてにかかわっているわけではありませんし、新しいことをプランニングする人も、発想する暇も余裕もないといった状況が生まれていて、専守防衛で精一杯といったことになってしまっている。

第二章

普遍的な規範とは

——正義論講義——

揺るぎない正義は成り立つのか

香山　何重にもねじれている出版社で、鹿砦社《ろくさいしゃ》、ご存じないですか。関西の松岡利康という人がやっている左翼系の出版社です。そこから、田中宏和という「世に倦む日日」というブログを主宰している人の『SEALDs の真実―― SEALDs としばき隊の分析と解剖』という本が出たのです。この著者はもと左翼だった人ですけど、いまの左翼のやり方に対しては強い不満を持っている。その人の本に堀茂樹さん〔フランス文学・哲学。一九五二― 年〕が対談のかたちで登場している。この『SEALDs の真実』では、SEALDs だけではなく、首都圏反原発連合という原発反対の官邸前抗議をやっている人たち、それから「レイシストしばき隊」という反差別の活動をしていて、在特会のデモとぶつかったりしている人たちを取り上げて批判的に考察している。

ここで取り上げられている一群の人たちはみんな、3・11以降に出てきた新しい市民運動家で、根がつながっていて、出所が重なっていたりするから、それぞれ組織としてのあり方が同じで手法も似ているのです。決まった、固い組織をつくらず、上意下達的な指揮命令系統もつくらない。はやりの言葉でいえば、クラウド的にライン・グループのようになんとなく集まっているというかたちで、メンバーシップ制でもない。ですから、チュニジアのジャスミン革命〔アラブの春へとつながった民主化運動。二〇一〇—一一年〕や香港の雨傘革命〔二〇一四年に始まった民主化要求運動〕、ウォールストリートのオキュパイ運動〔経済格差の是正を求めて、金融街の占拠を企てた自然発生的運動〕と似ている。組織や団体があるわけではなく、行ける人が行くといった感じの緩いつながりの運動なのです。

井上 でも、そういった組織でも二重構造はありますよね。コアになる部分があるはずです。そうでなければ、あれほど動員はできない。コアがあって、そのほかは「あ、なんか面白そうだ」と広がっていく。その意味で、裏方がいるでしょう、おそらく。

香山 裏方はいるでしょうけど、SEALDsでも、奥田愛基《あき》さん〔市民運動家。SEALDs創設メンバーの一人。一九九二—年〕がいわゆる会長とか委員長ではなく、役割分担もしていない。

そんないまの市民運動を批判する本に、堀茂樹さんが登場して、その人たちの行き過ぎを批判しているのです。例えば、「反原発は正義だ」とか、「反差別は正義だ」というのは、いわゆる「正義の暴走」だという批判なのです。それは、この本の著者が主宰する「世に倦む日々」

というブログに書かれていたものなのですが、本の方には、「しばき隊の真実」という文脈で堀さんが登場し、その批判に同調して話されていました。

堀さんは、ツイッターでも、しばしばそういった発言をしていて、反差別の運動の人たちは、「自分たちが正義だ」という感じで不寛容だとか、「差別主義者に人権はない」などというのは、自分たちこそが正義なのだと、まるで客観性もなく思っていることの現れではないか、というようなことをときどき発信していたのです。その堀さんと反差別の行動をしている人たちとの間で応酬があり、「また変なことといってる」、「じゃ、あんたがやってみろ」と食ってかかったりということもあった（笑）。私も一度それに巻き込まれて、「あなたは一応知識人と名乗っているのに、その態度はいったいなんだ」と堀さんにたしなめられもしました。一度は腹が立って、「知識人ということとはなんの関係もないし、知識人だからこうすべきだという、あなたのその言い方こそ、権威主義だ」とやり合ったことがあるのです。

そんなやり取りの中に顔を出しているのは、正義あるいは普遍的な規範に対する捉え方の違いだと思うのですが、哲学な考え方では、「これぞ正義」とか、「揺るぎない正義」、そういうものがあるのかないのか。あるいは成り立つのか成り立たないのかといったことをうかがいたいのですが。

私と他者との反転可能性テスト

井上　私はこれまでも学術書をはじめ、あちこちですでに書いてきましたが、正義には二つのレベルがあります。一つは正義の構想（Conceptions of justice）で、これは複数形。二つ目は正義の概念（The concept of justice）、これは定冠詞で単数形。コンセプション（conception）とコンセプト（concept）の単語の違いもありますが、ともかくこれを分けて、私は考える。

制度や政策や行動が正義にかなっているかどうかを判定するための具体的な基準を提示して、それを擁護することを「正義の構想」というわけです。これは複数あって、例えば功利主義のように全体の効用を最大化する、そういう帰結をもたらすことがいいという立場もあれば、それに対して個人権理論という、全体の利益のためにでも犠牲にされてはならない個人の権利があるとする立場がある。後者の中にもさらに、何が個人の権利かということに関する考え方の対立がある。

リバタリアン（Libertarian）といわれる、財産の所有や契約の自由などを根幹に考える立場と、それからより平等主義的な人格権を中心に置くイーガリタリアン（Egalitarian）という立場がある。さらに、リバタリアン、イーガリタリアンそれぞれにも内部対立がある。これは正義の諸構想の対立で、これは議論をすれば解決するというよりは、議論は続けていかなければならないけれど、永遠に合意には到達できないかもしれないというほど対立の根は深い。でも、その正義の諸構想の間に真の対立があるといえるのは、同じ概念について違った基準を提示しているというときで、そのときにしか対立はないわけです。

おかしな例ですけれど、肝硬変の診断方法としてベストなのはAという医者と、ベストな診断方法はBという医者との間には真の対立があるけれど、「肝硬変のベストな診断はAだ」といっているのに対して、「いや、肝臓がんのベストな診断方法はAではないBだ」といったら、ここには真の対立はないわけです、単にすれ違っているだけで。ですから功利主義やリバタリアンや平等基底的な権利論などとの間で真の対立があるのは、あくまでも同じ正義という概念について違った判定基準を持ち出してくるからだ、と。ですから、正義の諸構想をめぐる対立があることは、共通の正義概念の不在を示すのではなくて、逆に、その存在を前提しているということになる。

その共通の正義概念の中身は何かというと、結論をいえば、要は普遍化不可能な差別を排除するということ。要するに自分と他者とが、まさに自分が自分であって他者ではない、他者は自分ではないという自己と他者との個体的同一性における差異に訴えなければ正当化できないような差別、それが普遍化不可能な差別です。それを排除するという要請は対立競合する正義の諸構想に通底一貫しているわけです。

それをわかりやすくいえば、エゴイズムはだめだということなのだけれど、そこから出てくる含意として、自分の他者に対する要求や行動が、仮に自分がその他者だとしても拒絶できない理由によって正当化できるかどうかを自己批判的に吟味しなさい、と。これが反転可能性テストです。ただ、反転といっても、自分と他者の客観的条件をただ置き換えるだけ、ポジションを変えるということだけではだめで、自己と他者の視点の反転も要請されます。

例えば、私がマゾヒストだとする。私が散歩していると、私と同じ年格好のおっちゃんがベンチに寝ている。そして、そこに彼の持ち物とおぼしきステッキがある。もし私が彼だとしたら、このステッキでバシッと叩かれて、心地よい居眠りから目覚めたら気持ちがいいだろうなと思うからといって、それをやっていいかといえば、それはだめですね。ポジションを置き換えるだけではなく、自分がマゾヒストだからといって、相手をマゾヒストだと決めつけるな、自分の視点とは異なる他者の視点に立ったとしても、自分の他者に対する行動や要求が正当化可能かどうかを考えろ、ということです。

正義の諸構想が分裂対立しているとするなら、政治的決定の正統性を何に求めればいいのか？　こういう疑問が当然生じますよね。いま述べた対立競合する正義の諸構想に通底する共通の正義概念が、この問題に答える鍵になる、と私は考えています。正義の構想をめぐる熾烈《しれつ》な対立がある状況だからこそ、政治的決定が必要になる。これは「政治の情況」（the circumstances of politics）というのですが、例えば人生観や宗教をめぐる争いだったら、これは集合的に決定する必要はないのです。集合的決定とは、要するに反対者をも拘束する決定で、政治的決定は、国家や地方政府のような政治社会が行う集合的決定です。人生観や宗教が対象の場合は、集合的決定の必要はないのです。あなたはカトリックとして生きなさい、私は無神論者として生きる、と。あるいは、君は冒険者的人生を生きなさい、ぼくは石橋を叩いて渡ります、と。それでいいわけです。

ところが、正義の構想をめぐる争いというのは、このように自己決定で済ませましょう、「見解の相違ということにしておきましょう」（Let's agree to disagree）ということはできないわけです。これは分配の問題などがいろいろかかわるから、私はリバタリアン的世界に生きます、あなたは功利主義的世界に生きてくださいといっても、そうはできないわけです。仮に国別に違う政策があったとしても、その国の中でも反対者が一杯いるわけですから。同じ国の中で特区を設けて、そこでリバタリアン特区にするといっても、その中にもやはり違う意見があるわけですから。正義の構想をめぐる争いについては、人生観や宗教をめぐる争いとは違って、反対者を拘束する政治的決定をせざるをえない。

香山　それも政治的にということですね。

ロック的ただし書き

井上　政治的決定は反対者をも拘束するわけですから、それが自分の正義構想に照らして間違った決定だとみなす人々が必ずいる。私が例えばリバタリアンだとしたら、直接税ではなく、すべて消費税でまかなう、あるいは直接税でも税額を一律にするという政策があれば、それはいいと賛成します。しかし、私が福祉国家志向的な立場で富裕層に重く課税して貧困層に再分配すべきだと考えているとしたら、これは間違っているということになる。

政治的決定に対して、それが自分の正義構想に合致していると考える人が、その政策はいいというのは当たり前ですね。しかしここで問題なのは、その政治的決定が自分の正義構想からみて誤っているという人が、にもかかわらず、その決定を自分たちの社会の公共的決定として、次の政治的競争ラウンドで覆されるまでは尊重できるための条件は何かということ。これはですから決定が正しいかどうかの問題とは区別しなければならず、私は legitimacy（レジティマシー）の問題だとしています。レジティマシーを私は「正統性」と呼び、正しいかどうか、right かどうかは「正当性」と呼んで、区別しています。いまの日本の右にも左にも欠けているのは、こういう政治的決定の正統性という問題を、自分にとって何が正しい最善の正義構想かという問題と区別していないということなのです。

香山　それはいまいわれた「主義」、リバタリアンであるとか功利主義者であるとかという、その主義によって決定されるということ？

井上　対立競合する正義の諸構想を「主義」と呼ぶなら、政治的決定の正統性、レジティマシーはあれやこれやの「主義」の一つではなく、さまざまな「主義」に対する共通の制約です。その意味で政治的決定の正統性は特定の正義構想には還元できないのですが、正義と無関係ではない。正義概念は対立競合する正義の諸構想に通底する制約原理だと言いましたが、この正義概念が政治的決定の正統性の基礎にある。自分の正義構想からして間違っているとみなす政治的決定に正統性を承認できるためには、その決定は正義概念の制約に服していなければならない。この点は後でまた説明しますが、ここでは、次のことを強調しておきたいと思います。

正義概念は、何が最善の正義構想かを一義的に特定するものではなく、正義の構想を標榜する資格のないものを排除する消極的制約条件です。いわば、正義の諸構想のレースの一位がどれかを判定するテストではなく、このレースへの参加資格を判定するテストです。この正義概念の資格テストを正義構想がパスするのはそれほど容易ではなく、パスするためには、自己限定・自己修正が厳しく求められます。

例えば、リバタリアンの中でも典型的なのは、ジョン・ロックとロバート・ノージック〔哲学者。一九三八―二〇〇二年〕の自己所有論ですけれど、彼らは無主物〔所有者のいない物〕に対して最初に誰かが労働投下したら、それは自分の物になるという考え方です。なぜか、自分の体や能力は自分のものだという自己所有の考えが基底にあるからです。自分の労働は自分のものだから、無主物に投下したら、それは自分の物になる。

そうすると、これは早い者勝ちになる。しかし、ロックですら、すでに「ロック的ただし書き」というのを付けているのです。それは二つあって、浪費の禁止と「他者のために同種のものが十分残されている」という条件。浪費の禁止は、例えば野生のリンゴの木を見つけたから

といって、その果実を全部を落として、すべてを取ってしまい、自分で食べきれないので腐らせてしまってはだめだということです。これは少し功利主義的で、特定の正義構想、しかも、リバタリアン的正義構想とはなじまない正義構想なのですが、共通の正義概念の縛りと理解すべきなのは、二つ目のロックのただし書きです。

それは、他者のために同種のものが十分残されているという制約。この制約条件がなければ、どうなるか。例えば、自分は健常な身体と能力があるから、「この土地は空いていた。さあ、耕すぞ。ここは俺の物だ」と囲い込むことができるけれど、自分が身体の障害を持っていて、他者に先んじて労働投下をする能力がないとする。ふと気がついたら、周りは全部耕されていて、もう自分のものにする土地がなくなっているどころか、立っている場所もない、そんな立場にもしあなたが置かれたら、そんな早い者勝ちルールは受け入れられないでしょう、というものなのです。

さきほどの反転可能性テストを課したら、やはりそれは無理だ、と。ロックはそのことを意識していたのです。そういう言葉では語らなかったけれど。ですからロック的ただし書きというのを、その無主物に対する先占ルールに付け加えたのです。

ノージックですら、このことに対する配慮がある。しかし、このロック的ただし書きのとおりにやってしまうと、およそすべての所有が不可能になってしまう。なぜかといえば、最初には一杯あり余るほどあった、と。それをまず一番目の人が取り、二番目の人が取る。さらに三番目の人が取るとやっていくうちに、とうとうN番目の人が取った結果、もうNプラス一番目

の人は取れなくなった。そうすると、しかしNプラス一番目の人が取れなかったのは、N番目の人が取ったからだとなりますね。すると、ロックのただし書きでいけば、N番目の人は取れない。でもN番目が取れなくなったのは、Nマイナス一番目の人が先に取っているからだということで、遡っていくと一番目の人も取れないことになってしまう。

ロックのただし書きには、こういう論理的な問題がありますから、ノージックはそれを一般化して、「他者のために同種のものが十分に」というそれは外して、「ノージック的ただし書き」――というふうにはいわれていませんが――を加えた。どうしたかというと、自分がその無主物に労働投下して自分の物にすることによって、「他者の境遇が悪化しない」ことという制約条件に変えた。他者は自分の所有地などを持てなくなったとしても、その結果として、例えば経済活動が盛んになり雇用してもらえることになったとか、そういうことがあればいいということにした。

「ただ乗り」

井上 リバタリアニズムでいいかどうかは別にして、こういう制約をリバタリアンといえども自らに課さないと正義の一つの構想とは認められない。要するに正しい正義の構想かどうかではなくて、正義の構想の候補になるためには、つまり、正義レースに勝つ以前に参加資格を認められるためには、正義概念に合致しなければならないのです。その制約に、例外はない。同じことは平等主義、単純平等主義に対してもいえる。自分には能力があるけれども、働きたくない、と。この人が一所懸命に働いている人に対して、「君の労働の産物に対して、ぼくは君と同じ権利を持つ」といえるかといえば、これは単に「ただ乗り」なのです。

香山 フリーライダーですね。ベーシック・インカム（生きるために必要な最低限の金額を支給する制度）の議論でも、いつもその存在が問題になります。

井上 ベーシック・インカムは単純平等主義とは違います。稼得労働した者はその収入を自分のものにした上でベーシック・インカムを受給できます。それはともかく、「ただ乗り」はなぜだめかというと、普遍化不可能な差別の排除に反するのです。なぜかといえば、「ただ乗り」というのは自分がある便益を享受しているけれど、それを提供してくれるシステムを維持するコストは負担しない。それは他者に転嫁したいということですから。

香山　イギリスの社会学者が、フリーライダーでも、その人がいるということで働いている人たちにとって癒しになると主張しています。

井上　それはある意味で対価を提供しているわけだ。キリギリスだって歌でアリを癒しているという話は成り立つけれど。稼得労働しないでベーシック・インカムを受給する人も、売れない画家や詩人のように、創造的活動に従事しうるし、消費税は払います。しかし、それはまた別の話です。正義の観点から見たフリーライダーの問題は、負担回避を自分（ないし自分が含まれる集団）にだけ例外的に許し、自分と同様な他者には許さないという点にあります。他の誰もが同じようにただ乗りしていいではないかとなると、自分が欲しい便益を提供するシステムが維持できなくなり、自分もただ乗りできなくなるわけですから、ただ乗りをやっていいのは、ただ乗りできるのが自分だから、だということで、やはり自己と他者との普遍化不可能な差別をしているわけです。

誤解のないようにいうと、正義概念が含意する「ただ乗り禁止」は、対価を払う資力や能力を持たない者は切り捨てよということとはまったく違います。自己と他者との普遍化不可能な差別の排除が根拠ですから、便益を提供するシステムを維持するコストの分配を、コスト負担能力に応じて差異化することは正義に反しません。自分であれ他者であれ、障害者・無資力者は誰でもコスト負担を免除ないし軽減さるべしという主張は、なんら正義概念に反しません。それは一つの分配的正義の構想です。正義概念が排除するのは、なんらかの分配スキームを自分が負担免除特権を持つ限りで支持するが、自分がコスト負担する立場に置かれたら拒否するという態度です。

要するに、リバタリアン的な正義構想であれ、それとまったく相反する単純平等主義であれ、それらがあくまでも正義の構想の一候補だといえるためには、共通の正義概念の制約という資格テストはパスしなければならないということなのです。正義概念はこういう縛りとして効いてくるわけです。

香山　そのあたりは、イギリスの社会学者、トニー・フィッツパトリックの『自由と保障――ベーシック・インカム論争』（武川正吾ほか訳、勁草書房、二〇〇五年）にくわしいですよね。私はこの人の「経済と福祉をトレードオフしない」という主張に全面的に賛成です。ちょっと話がずれますが、この本が翻訳された二〇〇五年頃には、こういった議論も日本社会にはあったと思います。その頃の方が社会が成熟していて、いまは退行したのではないかという危惧があります。

フィッツパトリックの書のベーシック・インカムの議論には、ジョン・ロールズがいう「浜辺のサーファー」のことが出てきます。ロールズは、何もしないで一日中サーフィンばかりしている者がいるとして、そのような人にベーシック・インカムが与えられることには反対しています。しかし、フィッツパトリックは、サーファーはサーフィンを見て楽しむ人に娯楽を提供しているではないか、というのです。

もちろん、それに対してもいろいろな反論があることをフィッツパトリックは紹介した上で、こう言います。「サーファーへの反対論は、事実上以下のような不満の形で要約できるだろう。それは、『どうして、職についている私たちが、職についていないあなたたちにお金をあげなければならないの』というものである」。つまり、合理的な理由があるわけではなく、「俺だけ損するのはおもしろくない」という不本意な心理ですよね。

正統性の条件

井上　私はさらにいえば、政治的決定のレジティマシー（正統性）の条件は何かというときにも、この共通の正義概念が効いてくると考えています。正しい決定かどうかではなくて、間違っている決定だけれどもレジティマシーは認められると判断される、そのための条件としても効いてくるのです。

それは何かといえば、自分が政治的競争の勝者だったら何を押しつけてもいいのだということ、これは勝者の正義（victor's justice）です。これでは敗者に対して、「お前たち、この決定が気に食わなくても尊重しろ」とはいえなくなる。逆に敗者も、自分たちの好きな、正しいと思った政策とは違うからという理由だけで、その決定を無視してしまったら、これはやはりアンフェアなのです。なぜかといえば――この論理はアナキストには通じないのですが、アナキズムの問題はまたあとで言います――、敗者の方も、政治権力を自分が支持する政党が取ったら、自分たちが好む政策を反対者に押しつけたいと思っているわけで、この「統治便益」を提供してくれる政治的決定システムの存続を敗者の方も求めている。

しかし、そうである以上は、その政治的決定システムを維持するためのコストを払わなければならない。それを維持するコストとは何かといえば、政権を求めて争う政治的競争の敗者が払う「敬譲」のコストです。まさに自分たちが勝者になったとき、敗者になった自分たちのライバルが自分たちの政治的決定を間違っていると考えても尊重する、すなわち敬譲することを引き受けるからこそ、自分たちは統治便益を享受できる。敬譲は、自分たちの正義構想の挫折をある程度受忍して、ライバルの政治的決定を尊重することだから、これを私は「モラル・コスト」といっています。それを負うということが政治的決定システムが存在しうる条件なのです。自分が勝者のときは政治的決定システムが提供する統治便益を、ライバルにモラル・コストを負わせて享受しながら、自分が敗者になったときは敬譲のモラル・コストの負担を拒否するのは、モラル・フリーライディングと私が呼ぶただ乗りで、正義概念に反します。

ただ、以上の議論は、政治的決定システム、つまり国家の存在そのものに反対するアナキストには妥当しません。アナキズムがなぜだめかという問題は、別途議論を要します。アナキズムの論駁にはここでは立ち入れませんが、別の拙著（『他者への自由』創文社、一九九九年、第二章、『自由の秩序――リベラリズムの法哲学講義』岩波現代文庫、二〇一七年、講義第四日）で展開していますので、その参照を請いたいと思います。いずれにせよ、ここで念頭に置いているのは、統治便益を求める政治的競争の参加者〔政治家だけでなく、自分が支持する政策の実現を望む市民も含めて〕で、彼らは政治的決定システムの存在を前提しています。しかし、政治的決定システムの存在を承認する人々の視点からも、さきほどの議論が妥当するためにはさらに条件の限定が必要です。

第一の限定条件は、政治的競争の勝者と敗者の地位の反転の現実的可能性です。さきほどの正義の反転可能性テストによる政治的決定の正統性の説明では、政治的競争の敗者も、もし勝者になったら、敗者になったライバルに敬譲を求めるだろうという反実仮想的な、カウンター・ファクチュアル〔反事実的〕な議論が援用されています。しかし、敗者が勝者になる現実的可能性を剝奪《はくだつ》された政治体制において、このような反実仮想的な議論をしても、敗者にとっては勝者の欺瞞以外の何ものでもないでしょう。

具体的な例を挙げて説明しますと、シンガポールのリー・クワンユー〔首相在任、一九五九―九〇年〕の独裁政権の例ですが、形式的には秘密投票で選挙が行われていた。野党も存在したのですが、事実上、人民行動党が永久に政権を握るシステムになっていた。なぜかといえば、リー・クアンユーの支持率が高かったということもあるのですが、野党がある選挙区で勝つと、後でその選挙区に対して人民行動党政府によって猛烈な圧力が、罰が加えられる。一切の公共事業が行われないなどということがある。

例えばこんな体制でしたら、シンガポールの人民行動党が、野党に対して、「お前たちがもし選挙に勝ったら、俺たちと同じように自分たちの政策を押しつけるのだから、この政策を尊重しなさい」とはいえないですね。事実上、反転しないのだから。ですから、私のいう反転可能性テストは、それが欺瞞化しないためには、勝者と敗者の地位が現実にも反転する可能性が保障される、そういう制度を要請します。つまり、政権交代を可能にするまともな民主的制度が存在しなければならない。

香山　ということは、正義はそのときの政治的決定によっては変わることがありうるということ？

構造的少数者（マージナル・マイノリティ）の人権保障

井上　時々の政治的決定によって採択され、執行される正義構想が変わるというのはそうです。

しかし、それは何が正しい正義構想かが政治的決定に依存するということではない。そのときの政治的決定が採択した正義構想が間違っているという批判は、常に可能だし必要です。さらに、不当な政治的決定でもなお正統性を承認されるための条件としてこれまで私が正義概念をベースに述べてきたことが、その時々の政治的決定によって変わるわけでもありません。

話を戻すと、反転可能性テストによる政治的決定の正統性の説明のもう一つの限定条件があります。政治的競争の勝者と敗者の地位の反転可能性は、単なる反実仮想的な可能性ではなく、現実的可能性でなくてはならないと言いましたが、民主的プロセスが公正であっても、勝者になる現実的可能性を持つのは一定以上の支持基盤と組織力をもつ政治勢力です。いまは野党だけれど、将来与党になりうるのは、それなりの勢力がある人たちなのです。およそ政治的競争の勝者にはなりえない、本当にマージナルなマイノリティ。多数者の偏見にさらされている同性愛者や、宗教的・人種的少数者、こういう人たちに、「民主的プロセスは、政権交代が可能なのだから、お前たちが政権を取ったら」といえるかといえば、これも欺瞞になってしまう。

民主的競争をフェアなものにすることに加えて、民主的競争がいかにフェアだとしても、その中で勝者になる見込みがない人たち——私は「構造的少数者」と呼んでいますが、一般にはマージナル・マイノリティ（周辺的少数者）と呼ばれている——、そういう人たちに対しては、

「どの勢力が政権を取ろうと、最低限、君たちのこういう人権は侵害されない」ということを保障しなければだめだ、と。それが憲法、成文硬性憲法〔通常の立法手続より、改正に厳格な手続を要する成文憲法〕で一定の基本的人権を定めて、いかに民主的な立法といえども、それを侵害したら違憲無効と裁判所が救済するという違憲審査制の存在理由です。

香山　そこら辺りで、おそらく私たちは堀茂樹さんと対立したのだと思いますけど、それは例えば、私たちの周りでヘイトスピーチに反対している人は、とにかくそれは絶対悪だと思っているわけです。民族差別、人種差別というのは、とにかくどんな政治的な決定の下でも許されない、と。とにかくそれだけは許されない、と。

私たちがいっている正義というのは、すごく素朴な、日常いわれるところの「正義の味方」のようなものを正義と呼んでいると思うのですが、それは揺るぎない真理としてあって、とにかく民族差別、人種差別は、いかなる状況下においても一貫して許されないものだということで、そういうものがあるだろうという考えなのです。

それは、聖書に出てくる「神の正義」にも近いかもしれませんね。私は自称・万年求道者で、洗礼は受けていないのですが、不定期的に教会の礼拝に参加していて、聖書には慣れ親しんでいます。聖書にはしょっちゅう「正義」という言葉が出てきますよね。たとえば、旧約聖書の

『アモス書』にはこんな箇所があるので引用させてください。

善を求めよ、悪を求めるな
お前たちが生きることができるために。
そうすれば、お前たちが言うように
万軍《ばんぐん》の神なる主は
お前たちと共にいてくださるだろう。
悪を憎み、善を愛せよ
また、町の門《もん》で正義を貫け。

（『アモス書』五章一四―一五節）

当時のイスラエルは、権力の一極集中や貧富の格差がすさまじかったといわれていますが、預言者アモスはそれを批判しているわけですね。つまりここでいわれている「正義」とは、いまでいう「社会的正義」と考えてよいと思うのです。そしてそれが聖書に採用されているということは、「社会的弱者をいたわれ、差別はいけない」という社会的正義は、普遍的な「神の正義」とほぼ同義と考えてよいということだと思います。

ここで「ほぼ」としたのは、実は神学的には「神の正義」――ヘブライ語でツェダカーといわれるようですが――は、「社会的正義」とそのまま同義なのではないともいわれるからです。話がややそれてしまいますが、この「神の正義」とは私たちを創り生かしている神の恵みだとされていて、人間がそれへの感謝として神を信じ礼拝し、その中で弱者への配慮や差別の解消といった「社会的正義」を願う、実践するという二段構造になっているようです。たしかに礼拝において会衆一同で行う神への祈りには、「いま病床で苦しんでいる人やその家族にとくに神さまのなぐさめがありますように」といった自分以外、知り合い以外への一般的な他者への神の配慮を求める言葉も必ず含まれていますよね。

とにかく、そういった「神の正義」とそれへの応答としての人間の「社会的正義」のような、どんな社会や時代でも変わらない正義があるのではないか、というのが私の考えです。

一方、現実の差別の問題に関しては、あからさまになるばかりです。例えば、小池百合子東京都知事がいま、すごく大きな勢力になりましたけど、小池さんは東京都の朝鮮人学校、韓国人学校には土地を貸さないということをいっている。

井上　小池さんがそんなことといっているの？　いま、昔？

香山　少し前です。つまり、都知事になってから。それをいうときに、「都民ファーストですから」といった。都民ファーストという言葉を、そのとき初めて口にしたのです。

井上　伏魔殿としての都政を都民目線で変えるというのが、都民ファーストの主張だと思っていましたけれど、それだと意味が違いますね。

香山　韓国人学校を建てる予定だったある土地を、保育園にしますといった。そのとき、私たちは都民ファーストですからといったのです。もしかしたら小池さんが、これから東京都で権力をふるうようになると、韓国人学校や朝鮮人学校に対して排斥するような動きも起きるかもしれない。それを警戒しているのですが、しかし政治的には都知事選挙という手続きを踏んで、そんな体質を持つ体制が選択されてしまった、決定されてしまっているわけですね。でも、私たちも含めて、反差別の運動をやっている人たちは、いかなる政治的決定であっても、そこに正当性はいささかも認められないという立場なのです。

井上　その場合は、どちらのセイトウセイかな。正当性（rightness）か正統性（Legitimacy）か。

香山　私はさきほどの「神の正義」に近いものだと信じていますが。

井上　さきほどの共通のレジティマシーから出てくる判定基準というのは、あまり膨らませてしまうと、かえってレジティマシーの条件にならないから、例えば在日韓国・朝鮮人だとしても、正式に帰化している人に対して差別を許さないということはある。

香山 でも、日本国籍を持たない在日コリアンも、日本に税金を納める人たちですよ。

井上 ところが、在日韓国・朝鮮人だけではないけれど、定住外国人に対して、彼らが帰化を求めているのに、帰化が拒否されているというのではなく、そもそも帰化を求めていない場合でも、少なくとも地方自治レベルで選挙権を与えるかどうかというのは、これはかなり議論の余地のある問題なのです。これはレジティマシーの問題として一義的には決定できない、と私は思っています。

香山 それはそうだと思います。

井上 同じように差別でも、黒人に選挙権を認めないというのはだめです、レジティマシーからして。でも、アファーマティブ・アクション、前にも言いました（『トランプ症候群』前掲、二〇三―二〇四頁参照）が、被差別集団であった人たちに対して積極的差別是正措置をするかどうかは、人種差別反対論者の中でも意見が分かれるわけです。アファーマティブ・アクションで優遇されるのは被差別集団の中のエリート層だけだ、と。ハーバード大学だとかイェール大学だとか、カリフォルニア大学メディカル・スクールなどに行くというのは、被差別集団の中でも上層の人たち。下の階層の人々にはなんの関係もない。関係もないだけではなくて、そういう逆差別的な優遇をしてやっているのに、「相も変わらずお前たちがだめなのは、やっぱり無能で怠け者だからだ」というスティグマをかえって下の層は捺されてしまう。他方、優遇された人たちですら、「アファーマティブ・アクションのおかげだ」という変な偏見にあう、といったように、この問題には論争があるわけです。

香山 もちろんそうです。女性についてもそうですね。いま、女性の教員を五割にすべきだとか、政治家では何割にすべきだとか、アファーマティブ・アクションはあるけど、それに対して日本などでもいろいろと論争があります。でも長年、不当な扱いを受けてきた人の権利を回復するには、それくらいしないとだめなのではないでしょうか。

井上 差別解消ということでは、ヘイトスピーチも問題になります。政治的決定のレジティマシーの条件として、表現・言論の自由の保障も必要ですが、これとの関係でヘイトスピーチの規制が問題になります。相手の言論を封殺する言動、「お前、そんなことをいって大丈夫か。お前にも娘がいるんだろう」と脅迫するとか、あるいは、公開の議論の場で論争しているときに、相手の声が聞こえないぐらい街宣で邪魔するなど、こういうものは規制していい。これらは自己矛盾しているのです。自分たちは表現の自由を主張しているのに、相手の表現の自由を否定しているわけですから、そこに反転可能性はない。それらはだめですけれど、それはあえてヘイトスピーチとして問題にする必要はなく、従来の表現の自由の範囲の中でいえることですね。スピーチの内容が、人格侮蔑的な名誉毀損にあたる場合も規制の対象になりますが、どこまでを名誉毀損の範囲に含めるかは非常に難しい問題を含んでいる。

さっき、シンガポールのリー・クアンユーの専制に触れましたが、彼らが自分たちの権力を永続化するための手法は二つあって、一つは、さっき触れたやり方で、野党が勝った選挙区に対して徹底的にいじめ抜く。もう一つは自分を批判する政治家や知識人を名誉毀損で訴える。検閲ではなくて、個人的に名誉毀損で訴える。これはやってはいけないのです、政治家として。

香山 スラップ（恫喝）訴訟のような感じですね。

井上 朴槿恵《パククネ》も使おうとしましたね。『産経新聞』の在韓国特派員に対して。あれをやってしまったら、やはりだめなのです。

第三章

ヘイトスピーチと言論の自由

ヘイトスピーチの定義

井上　私は、ヘイトスピーチとして正義概念の観点から排除されることが正当化できると本当に思うのは、まさに自分の表現の自由を行使しながら、他者の表現の自由を実質的に剝奪してしまうような仕方のものです。

香山　ヘイトスピーチの定義としては、その人の人種・民族・性別といった自分では選べない属性、それから宗教やＬＧＢＴといったその人のアイデンティティに直結した属性をターゲットにした差別や排除とされています。例えば私が、誰かに対して、「そんなことというなんて、バカじゃないの」といったとしますね。これは口汚い悪口に違いないし、「バカ」という言葉自体がいやだという反応もありうるでしょうけど、それはいい。でも、例えば、「あなたはどこの人ですか。え？　在日なんですか、本当は。では、もうアウト」というとします。それは変えることのできない、その人の属性だからだめなのです。それに対して、例えば私が編集者に向かって、「この本も知らないの。バカじゃないの、編集者のくせに」というのは、ひどい侮蔑であり、名誉毀損に相当するかもしれないけど、ヘイトスピーチとは考えられない。

井上 最近の若い子は、すぐ「死ねばいい」というんだよね。

香山 悪口に対しては、「やめてください」とか、「努力して改めます」と言い返すかもしれないし、「あなたこそ、この本を読んでないじゃないですか」と言い返すこともできる。でも、「在日ですか。では、相手にしません」といわれたら、「では、在日をやめます」とはいえない。変えることのできない属性やＬＧＢＴのような性の問題、それらに対する差別や排除をヘイトスピーチと規定しているのです。

二〇〇〇年代になっていちばん変わったのは、日本でもヘイトスピーチ・デモが行われるようになったことですね。日の丸や日章旗を掲げた五〇人から一〇〇人の人たちが、「良い韓国人も悪い韓国人もみな殺せ」などと叫びながら行進する。韓国人でありさえすれば善人であろうが悪人であろうが全部だめ、と叫びながら歩いている人たちを見て本当にショックを受けたし、心からこれは止めたいと思いました。

そして、もう一つの場所はウェブ。デモに抗議することの延長で、インターネット上で、「韓国人死ね」、「在日はみんな犯罪者」などという書き込みに対して対抗しています。そちらのヘイトスピーチを否定していれば、ウェブの方でもだめといっていかざるをえないわけで……。

ヘイトスピーチと法

井上　私のそのことに対する考えは、重層構造にならざるをえない。つまり表現の自由の濫用に対して、法的に規制していいかという問題に対しては、私は法哲学者ですから。規制していいのは時と所だけであって、内容で規制してはいけないと思っている。時と所、例えば劇場で自己表現をしたいからといって、「火事だ！」といったら、本当にパニックになって死者が出るかもしれませんね。これはよくアメリカ法でいわれている事例ですけれど。

しかし、内容に関してヘイトスピーチだからという理由で法的規制をしていいかといえば、私は慎重にならざるをえない。ただし、法的な規制ではなくて、社会的な対応で制御するのは可能だし必要です。法的な強制力は使わない、社会的なリアクションのやり方は二つあると思う。その相手が自分と立場は違うけれども、まともに本質的な議論をしているのなら、その時点できちんと真剣に受け止めて、応答していくということ。しかしもう一つは、これはそもそも真面目な言論とはいえない、だから真面目な応答に値するものではない。こんなことは発言そのものがけしからんというかたちで、この場合は、例えばそれを書いた著者の本のボイコット運動をするとか。私はそのように区別しての対応はありうると思います。

香山　ドイツでは今年〔二〇一七年〕の四月一日に、SNSを使ったヘイトスピーチの拡散を規制する法律ができました。そのときにドイツの法務相が、「この規制は言論の自由の封殺ではなくて、言論の自由の前提である」と言いました。

井上　戦後ドイツは、「戦う民主主義」になっていて、これはすごく難しい問題を含んでいるのです。ネオナチ的言動だけではなく、共産党も非合法化している。ホロコーストがなかったという言論自体を法的に規制してしまう。これがいいかどうかということには、やはり問題がある。

香山　どうして？　ヘイトスピーチは〝表現〟や〝言論〟ではないでしょう？

井上　ネオナチのようなナンセンスな修正主義的歴史観に対しては、それがいかに的外れかということを言論をもって批判すべきであって、法的に規制するというのはやりすぎだということです。反リベラルな言動にも、他者の言論の自由を暴力的に封殺しようとしない限り、言論の自由を認めるのがリベラルな立場だと私は見ている。

ドイツにおいて、過去のナチズムの反省に立つということはわかりますが、それをやってしまうとかえってネオナチ的なものは被害者意識を持って、噴出してくる。

香山 そういう議論もあります。つまり規制すると、水面下でもっと盛んになるという。しかし、いまではそれは否定されています。日本の場合は、そうした議論に基づいて、ヘイトスピーチ・デモは二〇一一年から起きていたのですけど、大手メディアは一切相手にしなかった。あんなものを相手にして封じ込めると、さらに盛んになるといわれていたこともあって。冷たい目では見ていたけれど。だけど結局、そうやって経過を見ていても、さらに酷くなるばかりでした、つまり、無視や放置には抑止効果はないのです。

井上 ただ、こういう問題はある。いったん言論の内容に応じて、ヘイトスピーチの場合は法的に規制していいとしてしまうと、敵が同じ手法を使えるわけです。

香山 共謀罪などについては、そういうことがあるかもしれませんが、ヘイトスピーチに関してはその定義きちんとしてさえいたら、あとは構造の問題になると思う。

去年〔二〇一六年〕の五月に成立したヘイトスピーチ対策法があります。それは、日本に適法に居住している外国人に対する差別的な発言は許されないという理念法なのです。何の罰則もない。しかし一応、理念法ができたので、裁判などで、「あの法律に鑑みて」というふうに参照されるようにはなった。それはよかったと思いますが、そのときも井上さんがいわれるような意見が出ました。その法を悪用と言いますか、逆手に取って、例えば「安倍（総理）はバカだ」というと、「それはヘイトスピーチだ、日本人差別だ」という人が必ずいる、と。もちろんヘイトスピーチ対策法は、日本に適法に居住している外国人に限定しているわけですけど、そこで前提されている差別の概念でいえば、やはり差別にはパワーの差という構造的な土台がある。安倍総理を口汚くののしっていいかどうかは別として、安倍総理という権力者に対する悪口はヘイトスピーチではない。あるいは、在日米軍に対して、「米軍は出ていけ」とシュプレヒコールすること、それもパワーの差が構造的な前提としてあるから、そうではない。しかし、井上さんがいわれたような、本当の意味でのマイノリティの人たちに対する、逆の意味でのパワーのアンバランスが前提されている中で行われる差別扇動発言をヘイトスピーチと定義している。それでも、規制が逆側にも使われてしまうということでしょうか。

井上　私は、法的規制というものはそう軽々しくやるべきではないと思っている。社会的リアクションとしては、さきほどいった二通りがあっていい。立場は違っても、真面目にこの人とは議論するという態度でのそれが一つ。そもそも真面目な議論に値しないというかたちで対応するというのが二つ目。

しかし、私のコミュニケーションのあり方についての考えは牧歌的で（笑）、実際にはもっと怖いものなのだ、と。社会的な言論資源自体がものすごく偏っていて、被差別マイノリティに対しては、ヘイトスピーチが彼らの発言自体を封じ込めるかたちで実際に機能しているのだという捉え方、これは事実認識の問題ですね。ただ「しばき隊」のように、差別的言動に対抗する運動も組織化されていますね。それらは対抗言説として出てきているわけで、私はおかしな言説に対しては対抗言説で闘っていくというところで止まるべきだと思う。対抗言説を立ち上げている側が、「何かしら法的規制を」といってしまったら、敵の側もやはり同じことをやってくると思うのです。

自主規制という加害

香山　私は、その考えには賛成しかねますね。すでにお話した、百田尚樹さんの一橋大学での講演会中止と、私の子ども食堂をめぐる社会福祉協議会での講演会中止、これは事例としてある意味でとても面白いのではないかと思います。

中止を発表したら案の定、言論人や弁護士や、さまざまな人たちから苦情と批判が寄せられた。「なぜ、差別主義者のちょっとしたクレームで中止ということになるのか。そんなものに屈するというのはどういうことか」と。もちろん、差別主義者たちは「よくやった」といったかもしれませんが。

井上 その批判は、社会福祉協議会と香山さんの両方にきたのですか。

香山 いえ、私にはまったくない。その場合、私は被害者という位置ですから。

井上 社会福祉協議会に対しては、「なんでもうちょっと頑張らなかったのだ！」と言いたい感じですね。

香山 社会福祉協議会に、「とにかくもう一回取り組みなさい。きちんと仕切り直しをしてやるべきだ」という内容の要請をしました。社会福祉協議会の人たちは、「とにかく酷《ひど》い目に遭った」と思っているでしょうけど。

井上 関係ないのでしょ、子ども食堂の活動と彼ら、社会福祉協議会の人たちとは。

香山 活動内容は何も関係ないです。

その後の反響として、すごく面白かったのは、いくつか報道された中に、百田氏の講演会中止と私の講演会中止とを同じように扱うところもけっこうあったということです。「著名人の講演会、相次ぎ中止」といった見出し。どちらも言論の自由への弾圧だと捉えている。それは

果たしてどうなのか。
百田さんはヘイトスピーチをするから抗議がいったわけで、私はヘイトスピーチなどしていないのに、なぜ私への抗議や妨害行動がくるのか。ヘイトスピーチという点に関しては、百田さんと私は対称的ではありません。こちらの言い分としては、向こうに対して抗議をすることには正当性があるわけで、なぜそれをした私が同じ目にあわなければならないのか。中止にするかどうかは向こうの判断なので、それはそれでいいのですが、私の子ども食堂についての講演に、なぜ在特会が抗議をするのか。もちろん在特会にも抗議の自由はあると思うのですが。
『朝日新聞』の取材を受けたときにも、それは言いました。彼らにも抗議の自由があるから、抗議をしてはいけないとはいわないけど、そこになんらの必然性もないのではないか、と。
井上　まったく違うケースですね。同じ状況で、自他の立場が反転したらという話ではないですからね。違う状況です。

香山　でも、どちらも言論の自由への抑圧の問題として、同じように扱うメディアがけっこうあったのです。「百田さんに続き、香山さんも」といったふうな。私としては違う話だろうと言いたかったのですが、ただこれは違う話だと、意味が違いますということを説明するのは、言葉をたくさん使わなきゃならないから、難しいと思って……。

井上　たしかに違いはあるわけです。百田尚樹はヘイトスピーチそのものをやってきた人だからという点で。子ども食堂はそれとは関係ない、と。しかし……。

香山　たしかに「ヘイトスピーチ」という要素を抜いて考えれば、右の百田さんも抗議されて中止になった、それなら左の香山も同じ目にあうべきだ、と見られてしまったのです。

井上　やられたからやり返すというのとは別に、それぞれの言説内容に即して、左は右的言説だから気に食わなくて抗議をする。それに対して右は左的言説だから気に食わなくて抗議をする。だから、パラレルではないかと見る人もいるわけですね。

香山　そうです。結局は不毛なつぶし合いだから、どちらもやめた方がいいという意見がけっこう多かったのです。

井上　すでにいったように、ヘイトスピーチに対しては、あくまでその言説に対する批判で対応すべきであって、言説そのものをやめさせるべきではない、と私は思っている。ですから、百田尚樹に好き勝手なことをいわせて、その場で叩けばいいという話だと思う。反対運動をした人たちは、中止をいったのかな、そこがわからないのだけれど。実行委員会がトラブルを起こしたくないから、中止を決めたにしても……。

香山　たしかに主催者に「講演会をやめてください」といった人もいたと思います。「実施したら爆破してやる」などとはいわなかったと思いますが、「こんなことは、やらせるべきではない」とはいったでしょう。

井上　両者に共通しているのは、中止を働きかけた人、それに向けて運動した人たちのこともあるけれど、やはり主催団体の問題です。一橋大学の実行委員会と江東区の社会福祉協議会。実行委員会は学生たちですけれど、社会福祉協議会の方は要するに事なかれ主義の大人たちですね。これがちょっとした恫喝《どうかつ》に怯《おび》えてしまって、その言説をやめさせるということ。彼らこそ、実は本当の加害者だと私は思います。社会福祉協議会はある種の公的なステータスを持っているわけですから、そういうことをしていいのか、という気がします。

被害者の存在と言論の自由

香山　あくまでも対抗言説の積み上げでいくべきだということには、ちょっと異議があります。ヘイトスピーチ的な言説には被害者がいるわけです。規制することで排除せずに、「いわせておけば、いいではないか」といわれたけれども、例えば、「在日なんて特権を行使しまくっているんだから、日本から出ていけばいいんです、一人残らず」というとすると、それに対する対抗言説としては、「なんの根拠もないデマだ」といえるけれども、もしその場に在日の人がいて、耳にしたとすれば、彼らにとってそれは被害ですね。そこで、「一人残らずいなくなりゃいい」という言葉の暴力に対して、どう対応するか。

井上　それは、前に触れたフェミニズムにおけるポルノグラフィの問題と同型ですね。つまり、ポルノグラフィ自体はスピーチではない。女性を単なる男の性欲を満たすための道具という客体にすぎないと貶《おとし》めることで、そのイメージを女性集団一般に押しつけることで、それはアクション、行動によって加害しているのだと考える。したがってポルノグラフィは規制していいのだ、と。

ただし、検閲や刑事的な刑罰はくださないが、その代わりに民事的制裁で、つまり懲罰的損害賠償と、差し止めによって対抗する、と。しかし、これをやってしまうと、同じように保守派もこれを使えてしまうわけです。私が問題を感じるのはそこなのです。法的規制は、規制される言論の内容が忌むべきものだという規制導入者の判断が正しいからといって、導入した人たちの動機が仮に正しいからといって、それをやってしまえば、まるで違う動機や目的にも適用できるわけで、そこは私は禁欲したいと考えるのです。

香山 いわゆる恣意的な運用がありうるということですね。

井上 そうです。それからもう一つは、スピーチを、言説を「それは加害だ」といってしまうこと。

そのときに明確になるのは、いわゆる脅迫。「お前、そんなことをいっていいのか」と、「お前にも娘がいるだろう」、「家族がいるだろう」という類。これは既存の刑法でも、脅迫罪として規制の対象になりうるわけです。それと、「お前ら、在日は出ていけ」が同じく加害的だといってしまうのが、私は少し怖い。いったん言論の自由への法的規制を許してしまうと、雪崩をうつ可能性が出てくる。たしかに侮蔑的ではあるけれど、脅迫と脅迫ではないただの侮蔑との間のどこに一線を引くのかという問題が……。

香山　しかし、ヘイトスピーチに関しては、ヘイトクライムのピラミッドという構造があるといわれている。そのボトムは日常の中の偏見、次には恫喝と脅迫、さらにはそれと地続きで暴力や犯罪となり、最終的には虐殺になる。そこには連続性があるのです。だから、ヘイトスピーチはいっているだけなのだから、それほど害はなかろう、という放置はだめなのです。その段階で止めなければ。よく例に挙げられるのが、ルワンダの虐殺〔一九九四年、大統領暗殺に端を発した、フツ族過激派によるツチ族とフツ族穏健派の大量虐殺〕の際に使われたラジオ放送です。最初は、ラジオを通して、相手方、対抗するツチ族を「やつらはゴキブリだ」、「虫けらだ」といったメッセージを流し続けた。その段階はヘイトスピーチで、「殺せ」とまではいっていない。しかし次の段階では、洗脳の効果のように、相手と対面してそれを口にするようになり、最終的にはその状況と地続きのところで虐殺になった。

井上　それが表現の時と所という問題なのです。あるいはアメリカの判例刑法がいう、「明白にして現在の危険」なのです。あのツチ族とフツ族の対立状況の中で、しかも大統領の暗殺について、あれは連中がやったことだとラジオで流すということは、ちょうど劇場の中で「火事だ！」と叫ぶのと同じ、それこそ集団暴走的な反応を起こしてしまう。明らかにそれは、「明白にして現在の危険」がある場合ですね。ですから言説の内容云々ではなくて、その暴走誘発性が強いから、その言説をいまこの状況で発出すると、明らかにこういう破滅的な帰結の生じることが予想されるがゆえに、いまそれを規制する、と。その内容ゆえにではなくて。

香山 そこがうまく仕分けられるとはとても思えません。

井上 表現の自由について、憲法学や法学の分野で議論をずっと詰めてきているのは、やはりその線を守りたいがため、ということがあるのです。

香山 しかしその意味では、去年〔二〇一六年〕、ヘイトスピーチ対策法がよく成立したなと……。

井上 ただ、あれは罰則のない理念法だし、それにおそらく議員立法ですね。

香山 そうです。

井上 そういうケースは多いのです。本来、法律事項ではないことを対象にして立法する。例えば、食育基本法〔不規則な食事時間や栄養の偏りなどで健全な食生活が失われているとして、食育推進を掲げた法律。二〇〇五年制定〕。要は、きちんと子どもに食べさせろ、ということだけれど、お説教だけです。法律は、お説教するためにあるのか、私はそうではないと思う。法律事項は、あくまでも人々の権利・義務関係に直接影響を与える規制の問題です。

香山　でも、ヘイトスピーチ対策法に関していえば、仮処分の決定などには実際に有効で、実効性が出てきているのです。つまり、「ヘイトスピーチ・デモをやります」という彼らの前宣伝に対して、「私の施設から何メートル以内ではやめてください」と、地方裁判所に仮処分を申請する。去年、川崎ではそれが認められて、その施設の五〇〇メートル以内ではできないということになった。それは、対策法ができたからということはあって、実際の罰則はないけど、そういう使われ方はしますね。

井上　それが逆用されることはない？　例えば、沖縄で在日米軍の兵士がまた何か事故を起こしたときに、「在日米軍兵士は出ていけ」といったら、それはもう国籍による差別だというとか。右の連中は、それを使えないいかな？

香山　もちろん、日本人も差別されているではないかといった類の右からの、いろいろなリアクションもあります。その法律をつくった自民党の参議院法務委員会の西田昌司という人、この人は教育勅語復活を唱えるようなバリバリの右派なのですが、ヘイトスピーチ対策法に関してだけはすごく熱心だった。記者からの、「ヤンキーゴーホームというのはどうなのか」という質問に対して彼は、「それは政治闘争だ」と、「ヘイトスピーチではない」といった。そこの線引きはすごく曖昧かもしれませんけれど（笑）。

井上　それは彼の主観的意図にすぎませんから。いったん法律ができると、異なる目的のためにも利用されてしまう。

香山　いまいわれた表現の自由の問題……。

井上　国旗国歌法〔一九九九年施行〕にしても、つくったとき政府は「これは強制ではありません」といっていたけれど、石原慎太郎は都政のレベルで、教員に対して懲戒処分などどんどんやっていったわけですから。

香山　ヘイトスピーチに関してこの間の経過を見てきた者としては、この法律しかないという気持ちです。話し合いを試みる、対抗言論を立てるなど、さんざんやってきたのですが、彼らはまったくヘイトスピーチをやめない。でも一方で、すごくずるくて、対策法ができたから、今度は選挙運動でいくと、去年、桜井誠氏は都知事選に出馬した。選挙演説はやめさせられませんから、もうやりたい放題。「みなさんの生活保護費を、すべて在日が使っています」と、「池袋にある陽光城という中国雑貨を扱う店は、支那マフィアの巣窟」と、デタラメの限りを言い尽くしている。いろいろなリアクションや対抗運動をかいくぐってうまくやっているので、もう法律で規制するしかないという思いが、現場の反対運動をしている人たちの中にはあったのです。

そこはでも、井上さんがいわれるように、常に保守派によって逆手に取られる、悪用されるかもしれないという問題と裏腹なのですが、この辺りの問題は「表現の自由」の問題にいつもつきまとってくる構造的な問題かもしれない。ポルノグラフィについては、強制的にAVに出演させるという側面と、女性の性的自己決定権という問題と、必ず裏腹の関係になりますね。

前にも触れた、軍事研究の問題も同じです。つまり、軍事転用されようが、されるまいが、「研究の自由があるではないか」と、軍事転用されるからといって、「これはやってはだめだ」と縛ること自体が、学問の自由に対する侵害ではないかと主張している人もいる。

杉田敦さん〔政治学者。一九五九― 年〕を委員長とする日本学術会議の検討会議は、一九五〇年の「戦争を目的とする科学の研究は絶対にこれを行わない」という声明と、また一九六七年の「軍事目的のための科学研究を行わない声明」という二つの声明を継承するとして、防衛装備庁の「安全保障技術研究推進制度」では、「将来の装備開発につなげるという明確な目的に沿って公募・審査が行われ、外部の専門家でなく、同庁内部の職員が研究中の進捗管理を行うなど、政府による研究への介入が著しく、問題が多い」と述べています。ここでも研究の自由か、軍事研究の規制かという問題は非常に難しいですね。

でも、これは性悪説と思われるかもしれませんが、私は「表現としての差別」と「虐殺」、「学問としての軍事技術研究」と「実践的な武器の開発」を人がきちんと分けられるとは、とても思えないのです。

第四章
ガラス細工の心と社会

正義とは自己批判的な吟味

香山　これまでの正義論のお話では、どうやら井上さんにとっての正義とは、いかなる状況においても、これだけは変わらぬものとしての正義ではないようですね。

井上　さっきいったように、時々の政治的決定によって採択される正義構想は変わります。しかし、何が正しい正義構想かが政治的決定に依存しているわけではないし、政治的決定の正統性条件の基礎になる正義概念が変わるわけではありません。

素朴なレベルの話に戻すと、私の研究者としてのキャリアの原点からずっと正義論を探求してきたわけですけれど、そんな中でいってきたことは、日本人の正義のイメージとは、自分の権力欲や他者に対する攻撃衝動を合理化するためのイデオロギー装置だいうところにある、と。『共生の作法――会話としての正義』（創文社、一九八六年）という最初の本の中で引いているのは、正義というものに対するそんな意識を端的に表していると思われた筒井康隆の超短編集、『笑うな』（新潮文庫、一九八〇年）の中の「正義」という一篇です。

それはこんな話です。ものすごく正義感の強い、ある男がおりました、と。わずかな悪も見逃さずに、生きている間はすべての悪を糾弾しました。その結果、彼はめでたく天国に行けました。天国で彼は幸せだったと思いますか？　いえ、実はもう地獄の苦しみのような退屈さに襲われた、と。なぜかといえば、天国は善人ばかりで、糾弾できる悪人がいなかったからだ、というのです。

これはまさに正義漢を、まるで他者を攻撃するサディズムに満たされたものであるかのように捉えている。こういうイメージが、日本語の「正義」にはそんな独断性がつきまとっていて、Justice（ジャスティス）とは少し違うイメージなのです。

香山　ヘイトスピーチ・デモをしたり、それを支持したりしている人から、似たようなことをいわれます。「お前たちは、ヘイトスピーチ・デモがなくなったら反対もできなくなるのだから、お前たちこそ最も差別を望んでいるのだ」と。

井上　それはまた違った、ねじ曲げた議論ですけどね。

香山　でも、彼らは「反差別活動をしていることが生きがいになっているから」と本当に思っているようで……。

井上　それは語るに落ちる話で、そういうことをいっている連中がまさに差別活動に依存して生きていることをバラしている。いわゆる下種《げす》の勘ぐりです。私はそれに対して、正義とは――ここではジャスティスの意味で使いますが――、他者に対する公正さであって、自分がその他者だとしたら、自分の考え方や行動が他者の視点・立場から見て本当に正当化できるのかどうかという、要するに自己批判的な吟味です。これがジャスティスなのだということ、これをずっと言い続けているのです。日本では、右にも左にもそういう意味での他者へのフェアネスという意識が、他者とは実は何よりも敵ですから、敵へのフェアネスという意識がない。

香山　でも、人間が本当の意味で他者の立場になんか立てますかね。

井上　他者の気持ちが果たしてわかるのかという、これは私への常套的批判の一つなのですが、これについての私の応答はこうです。われわれは自我の檻から抜け出ることはできない。他者の気持ちなど、完全にはわかるわけがない。他者の視点に配慮しようと努めて、結果として出てきた自分の考え方、これも自分の視点であることは確かです。しかし、およそまったく他者に無頓着に最初に持っていた自分の視点と、他者の視点を配慮した結果、生成してくる自分の視点とは、どちらも同じ自分の視点であって自我の檻を越えることはできないけれど、後者の「自分の視点」の方が倫理的に高次化されているのだ、と。

この発想は、アダム・スミスの『道徳感情論』〔原著、一七五九年刊。水田洋訳、筑摩書房、一九七三年〕にすでに出ている。アダム・スミスは共感あるいは同感（シンパシー）に道徳性の条件を求めたけれど、それは二者関係の中の他者の共感ではなく、第三者たる観察者（spectator）の前で、自分と他者とが論争したとき、その第三者たる他者の共感をえられるかどうかが、彼の道徳的判断の指針になるわけです。

しかし、『道徳感情論』の冒頭でも、またその後でも、スミスは何回も次のことをはっきり認めている。他者の共感を得られるかどうかを考えるというのは、他者の感情を考えるということだが、他者の感情だとわれわれが考えるものは、所詮、その他者の立場に自分が立ったとしたら自分が持つであろう自分の感情にすぎない、と。そうなのだとすれば、他者の感情そのものを直接知ることができないとすれば、同感理論に基づく本など書けるはずがない、と思うでしょう。ところが、あの大著をものしている。なぜスミスがこの本を書けたかといえば、結局、彼において、観察者たる他者は理念化・仮想化されたものだからです。

現実の他者とは、集団的ヒステリーを起こして、リンチや民衆裁判をやったりする存在です。ヴォルテールが『寛容論』〔原著、一七六三年刊。中川信訳、現代思潮社、一九七〇年〕に記したカラス事件〔プロテスタントの父親が、カトリックに改宗し自殺した息子を殺害したと冤罪で処刑された事件〕の経過を、同時代人としてスミスも注目していました。ですから、スミスの「他者」は否応なく理念化・仮想化していきます。その他者は「公正な観察者」（impartial spectator）で、現実の傍観者ではなく、理念化された存在です。この「公正な観察者」についてさまざまに議論していく中で、スミスはこの「公正な観察者」を「わが内なるより高次の人」（the higher man within）と呼んでいる。自分の他者に対する要求や行動が、公正な観察者のシンパシーを得られるかどうかを常に考える。そうした自己批判的吟味をした結果、自己の感情、自己の視点が変容して、自分の中のより高次な「われ」が現れる。その声が重要だということです。

ただし、現実の他者にはいい加減なやつが多いからといって無視していいかといえば、やはりそうではない。現実の他者の声に耳を傾けなければ――私はどうしたって人間は自己欺瞞の天才だと思っているので――、結局は自分にとって都合のいい考え方を、「他者もそうに違いない」と押しつけやすい。それを避けるためには、常に他者の、とりわけ自分の行動によって負の帰結を負わされる、その人たちからの異議申し立てに常にさらされていること、そんな立場に身を置かないと欺瞞化するのです。ですから、アカウンタビリティ（答責性）という概念と反転可能性とが、そこで結びついてくる。

香山　おそらくそこで前提とされているのは、ある程度、健全な人間という気がします。私は精神科医ですから必ずしも精神が健全ではない人たちと触れ合っているわけですが、その人のフィーリングが理解できるかどうかという以前に、中には絶対に了解不能、理解不能という状態の人たちがいるのです。

その一つはもちろん疾病の場合、例えば統合失調症、まるごと妄想の世界に生きているといった人たちがいる。これは病気ですからやむえないことなのですが、その他の一部にごく少人数ですけど、はやりの言葉でいうと、サイコパス（精神病質）のような人たちがいる。その人たちは、話すことも、コミュニケーションもできるのですが、おそらく彼らの良心に訴えるというかかわりかたはできない。やっていいことと悪いことの判断や、道徳的な倫理的な観念をまったく了解できない人たちが一部いる。それは一部で、ごくわずかです。

しかし、多くの犯罪者はサイコパスではありませんが、例えばすごく劣悪な境遇で育ってきた人たちの中に、そういう人たちはけっこういます。日本にも、その種の人は多いと思うのです。その人たちが置かれている状況に立って考えることは、それは私たちのような凡庸な、平凡な生活を送ってきた人間には難しい。自分と他者の位置を交換するようにして考えることはできない。ロールズではありませんが、そういう不平等な機会しか与えられず、健全な心を育めなかった人を法の下で平等に裁いてよいのか、というのは私の中の大きな疑問です。

井上 そういう人たちもいるかもしれない。サイコパスやソシオパス（社会病質者）……。

香山 ソシオパスはごくごくわずかですが、現にいるのです。

井上 しかし、サイコパスが反転可能性テストを適用できないからといって、われわれがみんな、このテストを無視していいということにはならない。われわれのほとんどがサイコパスだというのなら、話は違いますが……。

香山 いえ、それはごく一部ですから、それほどの要件にはならないでしょう。また境遇が違えば、その人の立場に立って考えられないといってしまうと、ほとんどあらゆる人のことが考えられないということになる。そうではなく、本当に酷《ひど》い虐待を受けてきた、あるいは考えられないような貧困状態に育った、食事もほとんど与えられなかったといった人たちは、現代の日本にもけっこう存在すると思います。

診察の現場を通しての感想なのですが、それはまるで表面的にはわからない。一応は適応して会社に行っているというのですが、何かが変だなと思ってよく聞いていくと、子ども時代に異様な家庭環境で育った、虐待されていた、性暴力を受けていた、といった人たちが意外なほどにいる。そんな人たちのことを考えれば、その人の立場に身を置いて考えたらどうかとか、あるいはその人たちに対して、「私の立場になって考えてみなさいよ」とはまったくいえない。

井上　子どもの頃、いじめられたから、大人になっていじめ返す。さきほどの子ども食堂の話とも少し関係がありますが、最近、熊本に行ったとき、「こうのとりのゆりかご」をやっている慈恵病院の院長、蓮田太二先生と面談する機会がありました。蓮田先生は子ども食堂の活動もしているのですが、そこにくる子どもは必ずしも貧困家庭の子だけではないということでした。それなりの収入のある家庭で、母親と父親が完全に育児放棄しているケースがある、と。ある母親は、自分が子どものとき、母親から虐待を受けた。その経験から、子どもがかわいいと思えなくなってしまったという。そういう人たちがいるというお話でした。

香山　そうなのです。そういう経験は連鎖してしまう。愛情剥奪のような環境で育ち、自己をまったく肯定できない人たちもおりますし……。

井上　そういうことはあると思います。ただこれは反転可能性の意味での「反転」ではありま

せん。かつて丸山眞男〔政治学者。一九一四―九六年〕がいった「抑圧の委譲」です。「委譲」という言葉は普通、自分の権利や権限を他者に譲る場合に使うのですが、丸山は、被抑圧者という自分の境遇を他者に転嫁するという意味で「抑圧の委譲」といっている。自分が抑圧されたいから他者を抑圧するというマゾヒズムですら、視点の反転可能性テストに反すると前に言いました〔六三頁〕。抑圧の委譲は、自分がされたくなかった抑圧を他者にすることですから、反転可能性要請に根本的に反している。しかし、悲しいかな、人間はしばしば抑圧の委譲をやってしまう。でも、抑圧の委譲が起こるのは、密室の中だからだと思う。親と子しかいないという環境、あるいは丸山が問題にした戦前・戦中の軍国主義体制、その中で抑圧の委譲が起こるのは、閉ざされた集団だからです。閉ざされた関係を超えた他者の目にさらされているという

ことが大事だと思います。

いじめは多くの場合、学級の中で先生までが加担してしまう。あるいは先生にその気はなくても、まったく介入しないというかたちで加担する。これらはいずれにしろ密室化された集団の中で起こる。ですから、外部からの視線を意識してさえいたら、いかに不条理な情念として「自分が受けた抑圧を他者に委譲したい」という動機があったとしても、そこには自制が効いてくるだろうと思います。

抑圧の委譲がいま広がっているとしたら、それはいろいろな局面で社会がどんどん密室化しているからではないかと思うのです。豊田真由子議員のケースは典型的です。まさに車という密室空間の中で、秘書に対して思い切り自分のストレスをぶつけていた。「このハゲー!」と。

秘書が秘密裏に録音していたからわかったわけですが、もし録音され、後で公表されると彼女が自覚していたら、あんなことをするはずがないですね。

香山　しかし、子どもには、社会通念に照らせば、「うちは異様な家だから、私はここを早く出た方がいい」というふうにはなかなか見ることができないようです。

　私が文通を通して少しかかわっているケースなのですが、二〇一二年から一三年にかけてのことですが、『黒子のバスケ』（藤巻忠俊作、『週刊少年ジャンプ』連載、集英社）という漫画に関するイベントに放火や毒物散布予告の脅迫状を送り続けたという事件がありました。当時三六歳だった派遣社員の渡邊博史という人が逮捕されたのですが、ただもう脅迫状を送ることを繰り返しただけで、実際には放火も何もしなかったので、威力業務妨害罪で懲役四年六カ月という判決を受け、現在服役しています。

　その渡邊博史は、裁判ですごく長い冒頭陳述をしました。「自分はもうやけっぱちになって、やった」と言い、子どものときから親には厳しくされるばかりで、一片の愛情すらなく、そのまま一度としていい大人に出会っていない、と。なんの自信もないままに、やけっぱちになって生きてきて、そんな中で『黒子のバスケ』の作家を知ったとき、なぜこうも自分と違うのかと思ったというのです。顔もかっこいいし、上智大学を出て、有名漫画家になり、これほどに恵まれているやつがいるのかと思った、と。以降、こいつにひと泡吹かせることが自分の人生の目的になった。しかし、それが悪いことなのはよくわかっている。こんなことをしてもなんの意味もないこともわかっているから、「ぼくを厳罰に処してください」という冒頭陳述をした。

私はそんな獄中の彼に、渡辺和巳さんという精神科医が書いた、『消えたい――虐待された人の生き方から知る心の幸せ』（筑摩書房、二〇一四年）を送りました。ずっと虐待されてきて、自分は生ける屍だとその彼はいうのですが、同じような虐待されてうつに――被虐うつとその本を書いた精神科医は呼んでいますが――になった人たちのことを書いた本なのです。それを読んでくれたようで、「自分は、本当にこれだ」と思った、と。そして最終陳述では、読後感を織り込んだ自己分析をして、自分はまさにこういう状態だったのだろう、と。しかしだからといって、自分のしたことは「許されるものではない」と語りました。

彼は東京で育ち、横須賀高校を卒業して、専門学校を中退しています。現代日本のまさにいまを、都会的な環境の中で過ごしてきたわけですから、少しでも周りを見れば、自分がいかにおかしな状況で育ったのかということに気づくはずなのですが、そういう環境しか知らずに育つと、やはりそのことにも気づかないのです。自分がいかに特殊な状況に置かれているのかに気づかずに、すっかり捨て鉢になってしまう。そして、初めて本を通して、自分の状況を客観視する経験を持ち、「わたしも悪いかもしれないけれど、育ってきた環境が悪かったのだ。そういう経験をした人は、かなりの確率でこんなふうになる」と思い、そこから一気に世界が広がったようです。それからさまざまな機会に冗舌に書いたりしている。彼の例からしても、井上さんがいわれたような「第三者の視点」というのは、なかなか獲得しづらいのではないでしょうか。

井上 その例のように、有名人に向かうだけではなくて、いまではごく普通の人がネットで自分の暮らしを記録したり、公開したりしますね。今日はこんな料理を食べましたといった。そのとき、できるだけいいところだけを見せるようにしますね。それを見て、ある種の嫉妬心に動かされて、自分とはまったくなんの関係もない普通の人に対して攻撃の矛先を向けるという、そんな事例が出てきたといわれますが、これはいったいどう考えればいいのでしょうね。香山さんがいわれたケースは、それを有名人に向けたということなのでしょうが、これはなんなのでしょう。自己肯定ができないゆえの、自己肯定ができていそうな人間に対する過激な嫉妬なのですかね。

ランクづけ社会

香山 ネットによって、自分を世界の中でランクづけすることができるようになったわけですね。これは、精神科の診察室でもやりづらい状況を生んでいます。つまり、「ぼくなんかダメなんです」という引きこもりの人と向かい合っていて、「いや、そんなことはない、なにかしらいいところがある。趣味はないの？」と訊くと、「熱帯魚を飼ってます」と答えるとします。「それいいじゃない。写真見せてよ」と唆《そそのか》すと、これまでなら写真を持ってきて、「すごいよこれ、こんなことができるんだ。やれることはあるじゃないの」と励ますこともできた。

ところが最近ではそういうふうに運んでも、「こんなもの大したことないです」と、「ネットでは、自分の一〇〇倍も二〇〇倍もすごい人がいるんだ」と、それを見せてくれるのです（笑）。「知ってる人なの？」と訊くと、まるで知らない、無関係な人なのです。そんなに人と自分をランクづけしなくてもいいのに、みんな井の中の蛙ではいられないのです。そんなことをしていたら、お山の大将にもなれないし、いい気分にもなれない。かわいそうだなと思います。

井上 普遍的レイティング（等級分け）社会？　誰しもがレイティングしてしまう。

香山 その通り。昔なら、例えば、「本を出しました」といえば、「いや、すごいね。本を出すなんて」とおだてられ、三〇〇〇部売れたと、あくまで見当でいっているにすぎないのに、「それはすごい」と感心してくれました。いまではそれはアマゾンで何位と、すぐ数字としてわかる。ランキング五万二〇〇〇位と宣告されると、そんな全体のランクづけなど必要ないのに、なにかガッカリもします。おらが村では一番と思いにくいのです。若者を見ていると、それはすごくかわいそうなことだと思う。

井上 その前提として考えられるのは、およそ現実になんの引っかかりもなくなってしまったということがあるのかもしれない。ともかく、どこかに「位置づけ」られている感覚が必要で、それはネットの中でのレイティングしかない。

香山 そんなことが対になっているのかもしれない。秋葉原通り魔事件の加藤智大君の例もそうでしょう。現実において身近な人に褒められたり、近いグループの人たちと仲良くできて楽しかったという経験を持ちにくいのです。

さきほどの、親に自分を受け入れてもらえなかったという経験も、外から与えられる評価にともかく飛びつく、そこでなんとか安心するというメンタリティを養ったのかもしれない。親子関係のような最初の親密圏が、かつては曲がりなりに正常に機能にしていたのだとすれば、そこではある厚みを持って支えられていた時期が、いまは失われてしまったといっていいのかもしれない。

井上 古くさい心理学だといわれるのですが、三つ子の魂ですね。アメリカでは母性剝奪がいわれますが、決定的なのは四歳ぐらいまで。それまでに与えられるべき無条件の受容が奪われているということでしょう。いたずらをしても、何をしても可愛いといわれる経験、それがあると根拠無き自己肯定感が生まれる。自己肯定感は根拠が無くていいのですね。

香山 そうです。キリスト教だと、「どんな人でも神に愛されている」となるでしょう。日本では最近、よく金子みすず〔詩人。一九〇三―三〇年〕の「みんなちがって、みんないい」という詩句が使われますが、それに近い感覚です。明石家さんまさんが、「生きてるだけで丸儲け」といっていて、元は波乱の人生を歩んだ実業家の言葉だそうですが、それもうまいなと思いました。

井上 自分のパフォーマンスがいいときにだけ親に愛されるということだと、これは実は不安です。アメリカでは一九四六年に、『スポック博士の育児書』が出た頃から、小児医学の方向が変わってきた。それまでは小児伝染病などで死なずに育ってくれることが最大の目標だったわけですが、それがほぼ撲滅されて幼児死亡率が下がってくると、「いい子を育てる」ということが指標になってきた。『スポック博士の育児書』は、柔らかいトーンで書かれているから見えにくいのですが、基本的な狙いはそこにあります。

いまの日本からは失われつつありますが、高度成長期からバブル期へ、経済状況がよかったときには、専業主婦という家族形態がありえた。母親にそれなりの学歴があり、でも夫の給料だけで働かなくても食べていける。そうして専業主婦として家庭に収まると、母親にも学歴があって、実は潜在的な社会への進出欲求があるから、子どもの能力開発に自己を捧げてしまうという傾向が生まれる。

子どもがごく小さい頃から、英語やピアノやスポーツや、いろいろ習わせようとしていますが、そうすると母親がわが子に対して、「このパフォーマンスができるかどうか」という観点からいつも見ていることになってくる。子どもにはそれがわかるから、それはすごく不安です。いい子でいるときにしか自分が愛されない。そんなところに置かれた子は、失敗が怖いから、冒険もできない。

こういう話をすると、「そんなの古くさい」とよくいわれます。いまは逆に、そのことを反省した人たちが、これまでのＩＱに代えてＥＱなどと言い出した。知能指数ではなくて感情指数ですが、自己肯定感自体を指数化してレイティングの対象にし、今度はまたいかにその「成績」を高めるかが戦略的に追求されてしまう。うちの子のEQはどれだけかとか、これでは何も本質は変わっていない。そのようにしていまの母親たちも育てられているから、さっきのレイティング社会も、継承されて生まれてきたといえるかもしれない。

香山　二〇〇一年のことですが、弘前でサラ金の武富士に強盗目的で押し入った男が放火し、煙に巻かれて若い人を含む五人の女性たちが亡くなるという事件がありました。そのとき、犯人の八〇代を越えている母親がインタビューに応じて——マスコミが駆けつけたわけですね——、いかにも田舎のおばあちゃんという感じの人でしたが、「あの子は、なにか恐ろしいことをしたのかもしれませんが、私にとっては可愛い息子なのです」といった。ある意味でこれは、すごいなと思ったのです。いま、そんなところに追い詰められた親は、「すいませんでした」、「申し訳ございません」と、ひたすら頭を下げて謝ろうとするでしょう。そのおばあちゃんは、すごく素朴に、「私にとっては可愛い息子なんです」といった。スタッフも視聴者も、おそらくみんな一瞬ひいてしまったと思いますが。

しかし、そんなふうに、全世界が敵に回っても、私にとっては可愛い子と思ってくれる人が一人でもいるというのは、誰にとっても究極の幻想なのではないでしょうか。確かに心強いでしょうし、支えにもなるでしょう、でも実際には……。

井上　大学の人間というのは世間を知らないと、一般には思われていますが、こと若者に関していえば、長年にわたってずっと定点観測をしてきているわけですね。そんな中で、近頃の若者はやはり以前とは大きな違いが出てきていると思わざるをえない。最近の若者たちに対しては、厳しく批判することができない。

香山　傷つきやすいからですか？

井上　例えば、学生に向かって批判すると、すごく落ち込んでしまう。あるいは、逆ギレする。要するにガラスのように壊れやすいから、逆に自己防衛本能で突然キレる。

香山　言い返したりはしないのですか。

井上　その場では言い返さない。溜まってきたところで逆ギレする。

香山　私も以前の大学での経験で、専門とはまるで関係のないデザイン学科の講評会に出たときのこと、何をいったのかは覚えていないのですが、ある学生の作品に何か批判めいたことを口にしたらしいのです、こちらはズブの素人なのに。その子は、その場では何もいわなかったのに、卒業するときのレポートで、「あのときに、先生にそういわれて、私はデザインの道を諦めたのです」と書いてあった。「どうしよう。取り返しがつかない」と思いました。そのときに、なぜそんなことをいうのですかとか、私にはこういう意図があって、と言い返してくれれば、「ごめん。私はデザインのことに詳しいわけじゃないんだけど、パッと見た感じでいったんです。これは、そういうことだったのですね」と含みを持たせることもできたはずなのに……。

井上 いまは、褒めて育てるとか、小さな成功体験の積み重ねが重要だといわれますね。それはしかし、結局いかに失敗させないか、批判して傷つけないかということに簡単に転化してしまう。壊れないよう大事にされた結果として、ガラスのように壊れやすい人間に育ってしまう。

第五章

なんのための改憲か

家族と憲法

香山　さきほどの親が子どもを無条件に受け入れる、そのことで肯定感と自信を持たせるということを、家族の結びつきの中でお互いに肯定的な関係を培うべき、というふうに翻訳すると、自民党の憲法改正草案と共振してしまうことにもなる。それこそいま、二四条の、「婚姻は両性の合意のみ」というところに第一項を付加して、「家族は、社会の自然かつ基本的な単位として」という文を入れようとしていますね。私は、これにすごく抵抗がある。「家族」にすべてを押しつけようとしているのではないか、と。

＊　現第二十四条
婚姻は、両性の合意のみに基いて成立し、夫婦が同等の権利を有することを基本として、相互の協力により、維持されなければならない。

改正草案
一　家族は、社会の自然かつ基礎的な単位として、尊重される。家族は、互いに助け合わなければならない。

井上　比較という視点を入れるために、アイルランドの憲法に触れてみたいと思います。ジャーナリストで憲法改正を含む国民投票と住民投票を長年にわたり調査研究してきた今井一が中心となって、『国民投票の総《すべ》て』（国民投票・住民投票情報室発行、二〇一七年）という本を最近刊行しました。そこでは一八世紀末以降、世界中で行われた二五〇〇件以上の国民投票のデータが網羅的に収集記録され、主要な事例について詳しく紹介されています。これは日本の憲法改正問題を考える上でも貴重な資料で、憲法改正に賛成する人にも反対する人にも、議論の前提となる正確な事実認識を持つために、ぜひ読んでほしいと思います。この本の中で、アイルランドにおける離婚合法化の国民投票の事例も紹介されています。

アイルランドはそもそも一九三七年の憲法では離婚を認めていなかった。離婚合法化の是非を問う国民投票が一九八六年に行われましたが、このときは、合法化反対が六三パーセント強で、合法化は見送られた。その後、九五年にさらに国民投票が行われ、このとき、五〇・二八パーセントという僅差《きんさ》で賛成派が勝ち、やっと離婚が合法化されました。家族について規定したアイルランド憲法四一条*は、「国は、家族が、社会の自然な第一次的かつ基本的な単位集団であること」を承認するとしています。これは自民党的ですね。さらに、第二項の1で、「特に、国は、女性が家庭内での生活により共通善の達成に欠くことのできない支持を国に与えていることを承認する」とし、そして第二項2で、「したがって、国は、母親が経済的必要からやむなく労働に従事することにより、家庭におけるその義務を怠ることがないよう保障することに努めなければならない」と要請しています。第三項2でかつては離婚が禁止されていたのですが、一九九五年国民投票の結果を受けて、これが改正され、一定の要件を満たす限りで裁判所の許可により婚姻が解消できることになりました。

＊アイルランド憲法第四一条「家族」

一　1　国は、家族が、社会の自然な第一次的かつ基本的な単位集団であること、及び不可譲かつ時の経過により変わることのない権利を有し、全ての実定法に先立ち、かつ、優位する道徳的制度であることを承認する。

2　したがって、国は、社会秩序の必要な基礎並びに国民及び国家の福祉に欠くことができないものとして、家族の構成及び権能を保護することを保障する。

二　1　特に、国は、女性が家庭内での生活により共通善の達成に欠くことのできない支持を国に与えていることを承認する。

2　したがって、国は、母親が経済的必要からやむなく労働に従事することにより、家庭におけるその義務を怠ることがないよう保障することに努めなければならない。

三　1　国は、家族の基礎たる婚姻の制度を特別の配慮により保護し、かつ、侵害から保護することを約束する。

2　法律が指定する裁判所は、次の各号に掲げる要件が全て満たされた場合に限り、婚姻の解消を許可することができる。
（1）手続開始の日に、夫婦が五年間のうち少なくとも四年間又はそれに相当する期間、別々に生活していること。
（2）夫婦間に相当な和解の見込みがないこと。
（3）夫婦、夫婦の双方若しくはそのいずれかの子および法律で定めるその他の者のために裁判所が適切と考える用意がなされていること又は用意がなされるであろうこと。
（4）法律で定めるその他の条件を遵守すること。

香山　性役割分担が憲法で決められているなんて、驚きです。母親の「家庭における義務」って……。

井上　「義務を怠ることがない」ようにする、その結果として、専業主婦であれということになる。三項1は、「国は、家族の基礎たる婚姻の制度を特別の配慮により保護し、かつ、侵害から保護することを約束する」とし、改正前の三項2では、「婚姻の解消を認める旨を規定する、いかなる法律も制定してはならない」と規定していた。

ここまで二〇一二年の自民党の改正草案はあからさまではありませんが、その延長上にはこういうものがありうるということです。そして最も重要なことは、アイルランドの場合は、かって憲法の条項としてあったものを国民投票で変えたということなのです。

香山　日本では、あたかも逆ではないですか、せっかくなかったものを、いまさらつくろうとしているわけです。

井上　この改正も、一発で成功したわけではありません。何回も取り組み、幾度も挫折を繰り返して、その結果として変えたのです。

香山　そういうことがあるのに、なぜ日本ではあえて逆行しようとしているのでしょうか。あんな逆向きの家族条項を入れようとしたり、人権は天賦のものではない、としようとしたり。

井上　それは自民党がいっているだけのことで、自民党がいっているからといって、それがいまや支配的な世論だとはいえないし、こういう家族条項を含む自民党の二〇一二年の憲法全面改正案がまるごと支持されているわけでもない。

この点、護憲派も誤解している人が多いのですが、全面的な憲法改正というのは、いまは憲法改正手続き上できないのです。自民党の二〇一二年の憲法改正草案をまるごと認めるかどうかというかたちでは国民投票にかけられないのです。それは「日本国憲法の改正手続に関する法律」（国民投票法）四七条に、「改正案ごとに国民投票」という規定があるから、個別の論点ごとに国民投票にかけなければならない。何をもって一つの改正案とするかはいろいろ議論はありますが、ともかく全面的な改正について丸ごと賛否を問うことはできない。

九条問題

井上　この点は、九条問題とも関係します。九条の是非を問うこと――九条改正案にもいろいろあるのですが、それはひとまずおくとして――、ともかく九条をいじれば、それと連動してすぐに家族制度や人権についての反動的な条項がセットになって出てくるというイメージが護憲派の中にあるから、そうすると九条を変えると、九条だけの問題にとどまらず、人権規定が廃棄されて戦前の軍国主義に戻るぞ、というような短絡思考が出てくる。

＊　第九条
一　日本国民は、正義と秩序を基調とする国際平和を誠実に希求し、国権の発動たる戦争と、武力による威嚇又は武力の行使は、国際紛争を解決する手段としては、永久にこれを放棄する。
二　前項の目的を達するため、陸海空軍その他の戦力は、これを保持しない。国の交戦権は、これを認めない。
第九条　自民党改正草案

1　日本国民は、正義と秩序を基調とする国際平和を誠実に希求し、国権の発動としての戦争を放棄し、武力による威嚇及び武力の行使は、国際紛争を解決する手段としては用いない。
2　前項の規定は、自衛権の発動を妨げるものではない。
第九条の二
1　我が国の平和と独立並びに国及び国民の安全を確保するため、内閣総理大臣を最高指揮官とする国防軍を保持する。
2　国防軍は、前項の規定による任務を遂行する際は、法律の定めるところにより、国会の承認その他の統制に服する。
3　国防軍は、第一項に規定する任務を遂行するための活動のほか、法律の定めるところにより、国際社会の平和と安全を確保するために国際的に協調して行われる活動及び公の秩序を維持し、又は国民の生命若しくは自由を守るための活動を行うことができる。
4　前二項に定めるもののほか、国防軍の組織、統制及び機密の保持に関する事項は、法律で定める。
5　国防軍に属する軍人その他の公務員がその職務の実施に伴う罪又は国防軍の機密に関する罪を犯した場合の裁判を行うため、法律の定めるところにより、国防軍に審判所を置く。この場合においては、被告人が裁判所へ上訴する権利は、保障されなければならない。
第九条の三
国は、主権と独立を守るため、国民と協力して、領土、領海及び領空を保全し、その資源を確保しなければならない。

香山　いえ、私たち護憲派もそこまではいってないですよ。でも、つい先日までいわれていたのは、九条はタブー視されているから二四条から先に手つけるという話もありますね。手をつけやすいところから、お試し改憲なんていっている人もいるではありませんか。そんなに改憲って怖くない、と思わせようと……。

井上 一四条の平等規定改正案についても、障害による差別の禁止という文言も入れるとかね。

香山 改憲は怖くないということをみなさんに知ってもらうために、まずは二四条から。だって、第一項で「家族は、社会の自然な第一次的かつ基本的な単位集団であり」と掲げれば、普通に読めば特段悪いことではないんじゃないの？　といった感じになって通りやすいのではありませんか？

井上 私は、お試し改憲という方法には反対です。いまの憲法の最大の問題点は九条です。戦力というのは国家権力の最も危険な部分ですから、憲法による戦力の統制を明確にすることは、立憲主義の肝心要の要請です。自衛隊と安保という日本の戦力の現実と、戦力の保有・行使を禁じている憲法とがこれほど矛盾しているのに、護憲派も含めて、一定の範囲ならＯＫといってしまっているのは、要するに日本は憲法を守れない国だということになってしまっているということなのです。これは、なんとしてもまずい。われわれ日本人が憲法の規範性を真面目に受け止めることを学習するためには、この最も緊急にして重要な課題から手をつけるべきです。

憲法と国家権力の現実との最大の矛盾を放置したまま、他の条文をいじっても、憲法を本当に尊重する精神を日本人は体得できないでしょう。

それでもなお護憲派が九条には触れたくないとして、護憲的改憲（専守防衛・個別的自衛権の枠内で戦力の保有・行使を認めるという九条二項の明文改正）すら拒否し続けるなら、彼らの固陋《ころう》な態度を変えさせる方法として、二四条をまず争点にするという戦略もありうるでしょう。二四条改正によって護憲的改憲を九条以外でまず実践してみるのは、護憲派的精神の開明的部分を実現する上でも、一つのチャンスだと思います。

香山　チャンスというのは？　リスクなのではないですか？

井上　自民党改正案の「反動的家族像」に基づく二四条改変に歯止めをかけたいのなら、「開明的家族像」から見たときの二四条の問題点を是正する対抗的な改憲案を提示して、国民の意識向上を図る対抗運動をすればいい。憲法については護憲派こそ「守旧勢力」で保守的改憲派が「革新」だというねじれたイメージが国民の間に広がっており、それが護憲派の政治的アピールの低下にもつながっている。二四条の対抗的改憲運動は、攻撃は最大の防御という戦略的意義をもつだけでなく、護憲派の「革新性」を蘇生させるステップにもなるでしょう。

香山　そっちの方が新九条より難しそうですね。二四条に「家族は、社会の自然な基本的構成単位」という条項をつけるというときに、それを否定することは逆にすごく難しい。まして対抗案なんて……。

自由と平等のための改憲

井上 問題はそのときに対抗的な議論をどうつくり上げるかですね。二四条で一つ問題なのは、同性婚が憲法違反だという議論の根拠にされている点でしょう。それは、「両性の合意のみに基いて」という条文です。それを変えるという対抗的な改憲案を、なぜ左から、リベラル派がそれを出さないのか？

香山 なるほど。二四条に同性婚も可能とする、という一項を入れる案は出せそうです。

井上 それは出せばいいということではなくて、なぜ出そうとしないのかという問題です。それはなぜかといえば、およそ憲法に手をつけたくないからです。

香山 そんなことはない。しかし、この政権下で変えるのはあまりにも危険です。

井上 憲法を変えるという議論は常に右の方からくる。今回〔二〇一七年七月〕の都議選の惨敗で憲法改正の発議はしばらく遠のいた。これにホッとしているのは護憲派です。私はこれではだめなので、護憲派自身の理念に合致した改憲運動があってしかるべきだと思う。九条の護憲的改憲運動にまでいま進めないというなら、例えばいま話した同性婚の妨げになっている二四条の護憲的改憲運動をやってみなさいよ、ということです。

香山　もちろん環境権の規定も必要です。

井上　護憲派がイニシアティヴをとるべき護憲的改憲の対象は、九条と二四条以外にもいろいろあります。環境問題は重要だけど、環境保護は個人の権利というより個人に責務を課す集合財的な価値なので、人権規定に「環境権」を加えるのは疑問です。一般的にいって、「新しい人権」を次々憲法に盛り込むのは、人権のインフレをもたらし、人権の正味価値をかえって低下させるという問題もあります。むしろ、衆議院に対する内閣の解散権の濫用の抑止だとか、選挙区定数不均衡による投票価値の不平等の是正だとかにかかわる憲法の統治機構規定の改正が重要で、政権交代を促進する意義ももちます。

二四条の護憲的改憲問題に戻ると、私は今日〔二〇一七年七月六日〕、法科大学院の二年生に向けた「法のパースペクティヴ」という授業をしてきました。「公共性の視角から法を見る」というのがテーマで今日が最終回、毎年、最終回には映画を教材として使っていて、今回は、アイラ・サックス監督の *Love Is Strange*（邦題「人生は小説よりも奇なり」）という二〇一四年の映画でした。ニューヨーク州で同性婚が合法化され、七一歳の画家と六〇代の音楽教師が正式に結婚し、カミングアウトするという話。この二人は三九年連れ添って、事実上の同棲を続けてきた。合法化されたということで、届けを出し、同性婚をきちんと認めさせた途端に、カトリック系の教会が経営している音楽学校で合唱の指導をしていた音楽教師の方が職を失う。これまでも事実上、同性愛のパートナーを持っているということは知られていたのですが、クローゼットから出て、公表した途端に職を失う。それで、いろいろ苦労をするという話です。

この映画を、なぜ取り上げたかといえば、レポートの課題として同性婚をめぐる問題を出しました。法曹になる彼らにそのイメージを持ってもらう必要があるからです。同性婚については、いろいろな考えがあって、「憲法を変えなければだめだ」、あるいは「憲法を変えなくても、解釈でいける」とか、さまざまな議論がある中で、憲法問題としてだけではなく、こういった問題をどのように議論するのが公共性という観点から望ましいかを考えてもらおうとしたわけです。

そもそも結婚制度を公的なものと見なすのか、私的なものと見なすのか。これすら本来、立場が分かれます。実はアメリカでも、同性婚の禁止を違憲とする最高裁判決が出たからといって、みんなが喜んでいるわけではないのです。伝統的なものではない結婚は、同性婚以外にもあります。例えば、一夫多妻――モルモン教徒がそれでしたが、これはやめざるをえなくなりました――、あるいは、一妻多夫もありうる。

香山 ポリガミー（複婚）のようにですか。いや、家族条項をつけ加えようという中で、それはたとえ出しても一笑にふされそう。社会学者の深海菊絵さんの『ポリアモリー複数の愛を生きる』（平凡社新書、二〇一五年）などもとても面白かったけど、所詮アメリカの話でしょ、という受け止められ方でした。

井上 不可視化されているけれど、日本にも実態はありますよ。複数の男性と複数の女性がホームをつくっているケースもある。ですから、大人の一対のカップルの性愛の関係をベースにして婚姻や家族を定義することは、同性婚であれ、異性婚であれ、保守的なことなのです。家族の多様な可能性を否定している。結婚については、もう特別な定義を与えて、その定義にかなうものについては特別の法的保護を与えるということはやめた方がいい。その問題は純粋に成人した大人同士の自由な契約関係、あるいは結社の自由といったもので扱えばいい。

問題は子どもができた場合、つまりケアする主体とケアされる主体との非対称的な関係が発生したときです。子ども以外にも、老親の介護、血縁者・配偶者以外の同居者の介護の問題もありますから、それを規律するためだけに家族法があればいいわけで、婚姻関係について特別な法的規律はいらない、と。そこまでラディカルな見解もあるわけです。

欧米でのこのような家族の再定義の傾向については、前にも触れましたが（『トランプ症候群』前掲、一九二頁以下参照）、こういうことを、いまの日本でも議論した方がいい、と私は思っているのです。そのとき、その議論を活性化させるために、社会的関心の焦点がなければ議論は起こりづらいから、まずは同性婚問題に対処する二四条改正運動を護憲派が推進することは、家族・結婚の再定義をめぐる論議を触発するための大切な契機になる。

国民が熟議することはない、国民投票は危険なポピュリズムだなどと、民主主義者を標榜する護憲派がいっているのは、ふざけた話です。さっき触れた『国民投票の総て』が明らかにしているように、事実認識としても間違っていて、国民投票というかたちで主権者としての選択を迫られると、普段は無関心だった市井の人々が、その問題を家庭で、居酒屋で、路上で、そしてさまざまな集会で議論し始めるわけです。

家族の問題、家族についてこれまで当然と思われていた、夫と妻がいてというかたちは、日本でもかなり崩れてきている。なのに、それについての規定が現行のままでいいのか。「婚姻は、両性の合意のみに基いて成立し、夫婦が同等の権利を有することを基本として、相互の協

力により、維持されなければならない」という二四条一項の規定は、婚姻は異性婚だということを、やはり前提している。「両性の合意」を「両当事者の合意」と読み替えればいいという議論もあるけれど、これはやはり苦しい。解釈論でごまかさずに、はっきりと、同性婚や他の婚姻形態も認めるようなかたちに憲法二四条を変えようと、そういう運動をリベラル派やフェミニストがイニシアティヴをとって立ち上げるということが大事だと思う。二四条の問題について、右の連中のきわめて反動的な家族観ばかりが出てくるということは、彼らがイニシアティヴをとっているからです。それに対して、受動的抵抗を超えた対抗的な護憲的改憲運動が婚姻・家族の問題についても起こっていないということが、彼らをのさばらせている。

香山　しかし、日本ではまだ、選択的夫婦別姓すら認められていないから、そこからまずなんとかしなければ、グループ婚とか複数婚なんてとてもありえない。事実婚やシングルマザーさえ白い目で見られることがあるのです。

井上　例として挙げたアイルランドでもそうですが、カトリック系の国では、離婚を認めさせるための闘争は、一回や二回では終わっていないのです。何回も挫折して、しかし懲りずにそれを繰り返していく中で次第に変わっていくのです。

香山　ですから、そこをいまの憲法に鑑みて、選択的夫婦別姓は合憲だとするか、井上さんがいわれたように憲法改正の問題ととらえるか。

井上　夫婦別姓については、憲法上の障害はないと思います。しかし、同性婚は憲法に「両性の合意」という一文句があるから。

香山　けれど、二〇一五年一二月の最高裁判決では、五人の判事が違憲として、認められなかったわけですね、選択的夫婦別姓は。

井上　現行民法の違憲性や立法の不作為に基づく損害賠償「ある問題に対処する立法をしていないことを国の過失とみなして損害賠償を請求すること」、それは認めなかったかもしれませんが、新しい立法で選択的夫婦別姓を採用することは違憲という結論にはなっていないですね。

香山 そうなのです。今後、議論すべきだといった感じになってしまった。ですから、そこをどうするのか。憲法を変えて、それを認めるという方向にいくのかということですね。

井上 個別の問題について、憲法の規定を変更するための議論を起こす、それは可能ですし、現在の国民投票法の四七条の下では、そのようでしかありえない。だとすれば、家族の問題について、そういう試みを始めるべきでしょう。婚姻制度については一般の契約の自由や結社の自由の原則に委ねるべきで、ケアの関係だけを家族法の規定に盛り込めばいいという、さっき触れた立場は最もラディカルな考え方です。いきなり、そこまでいくのは難しいでしょうが、同性婚問題や、トランスジェンダーの問題などは日本でも切実な問題になってきている。例えば、私が学界で接している研究者たちでも、若い世代では、同性愛者やトランスジェンダーであることをカミングアウトした人、ないしカミングアウトしたわけではないけれど、家族友人に伝えている人が、私が知る限りでも一割くらいいます。

香山 十何パーセントという数字もあります。そこはすごく面白いというか、奇妙なことがあって、日本では性同一性障害に関しては、てきぱきとそれを認め、法律で戸籍も変えられるわけですね。でも、それに対して……。

井上　あれは保守派の議員の協力があったので通った。トランスジェンダーの人たちはジェンダー・ステレオタイプを崩していないから。体は男だけど、女以上に女らしく美しい M to F の運動家が、保守系の議員に働きかけていった。すると、その保守系のおっさん議員が、「こんなかわいい姉ちゃん、泣かしちゃいけねえ」、ひと肌脱いでやろうということになった。ですから、フェミニストにしてみれば、腹が立つわけですね。自分たちが壊すために闘ってきたジェンダー・ステレオタイプをお前たちが再生産し、保守系のおっさんたちを取り込んで通したのか、と。

香山　精神医学の方でも、いわゆる性同一性障害はディスオーダー（disorder）と最初にはいわれていましたから、だとすると普通の意味ではディスオーダーを直すということは、「あなたは男の体なのに女だと思っている。それは障害なのです。ですからきちんと治療すれば、体の性とマッチした性自認を持てるのですよ」という方向にいくのかと思いきや、まるでそちらにはいかなかった。その逆で、心の性自認の方を優先し、体を変えるというふうになった。これについては精神医学での決断も早かったのです。

井上　体を変えなければいけないというのは、ものすごくリスクがあるのではありませんか。

香山　あります。女性は子宮や卵巣を摘出するわけです。それこそ病でもない体にメスを入れ、臓器を取るという大変侵襲的なことをします。

井上 コストもかかる。一番安いのはタイだといわれていますが、それでも二〇〇万円くらい。

しかし、体は変えずに、体はMのままでも心はFだから、Fとしてあるいはその逆も、認めてほしいという要請に応えていく必要性はあるはずです。さきほどの憲法二四条の規定に戻りますと、同性婚の問題もありますが、こうした性的アイデンティティのあり方による差別をなくすということも、なんらかのかたちで改正案に入れていく。これこそ、リベラル派、フェミニスト派が取り組むべき課題ではないですか。

香山 そこは憲法でなくとも、いわゆる普通法で可能ではありませんか。いま、LGBTにかかわる法律もできますね。

井上 同性婚については、憲法の問題を言い出すが人いるから、これは取り組まなければならないと思いますが、それ以外の点でのLGBTの権利保障については憲法でなくても法律で可能でしょう。

しかし、立法による闘争を促進するためにも、同性婚の問題で憲法二四条改正を求めるのなら、同時に性的なアイデンティティによる差別もだめだということを憲法に明記するということも必要ですね。それは一四条*に入れてもいいかもしれない。二四条が婚姻にかかわるのに対して、一四条は一般的な平等の規定です。

自民党改正案でも、一四条に通しやすくするための飴が入っている。「障害の有無」による差別をしてはいけないという。それは入れてもいいと思うけれど、そこにもう一つ、性的アイデンティティによる差別も認めないというのを加えてもいい。「人種、信条、性別、社会的身分又は門地により」と挙げられている中に、さらに障害と性的アイデンティティによる差別もいけないというのを加える。一四条、二四条の平等に関連する規定の改正を、自民党案に対抗して左の方が改憲論として展開すべきでしょう。

＊

憲法第十四条
すべて国民は、法の下に平等であつて、人種、信条、性別、社会的身分又は門地により、政治的、経済的又は社会的関係において、差別されない。
2 華族その他の貴族の制度は、これを認めない。
3 栄誉、勲章その他の栄典の授与は、いかなる特権も伴はない。栄典の授与は、現にこれを有し、又は将来これを受ける者の一代に限り、その効力を有する。

＊

自民党改正草案第十四条
全て国民は、法の下に平等であって、人種、信条、性別、障害の有無、社会的身分又は門地により、政治的、経済的又は社会的関係において、差別されない。
2 華族その他の貴族の制度は、認めない。

3　栄誉、勲章その他の栄典の授与は、現にこれを有し、又は将来これを受ける者の一代に限り、その効力を有する。

香山　人種差別撤廃条約*を国連条約として日本は批准していますから、法律にまず手をつける。ヘイトスピーチ対策法を、差別撤廃法にしようという動きはあるのです。普通法の方を変えようという活動ですね。憲法の規定にもあれば、それに越したことはないかもしれませんが……。

＊　あらゆる形態の人種差別の撤廃に関する国際条約　前文
世界人権宣言が、すべての人間は生まれながらにして自由であり、かつ、尊厳及び権利について平等であること並びにすべての人がいかなる差別をも、特に人種、皮膚の色又は国民的出身による差別を受けることなく同宣言に掲げるすべての権利及び自由を享有することができることを宣明していることを考慮し、
すべての人間が法律の前に平等であり、いかなる差別に対しても、また、いかなる差別の扇動に対しても法律による平等の保護を受ける権利を有することを考慮し、
国際連合が植民地主義並びにこれに伴う隔離及び差別のあらゆる慣行（いかなる形態であるかいかなる場所に存在するかを問わない。）を非難してきたこと並びに一九六〇年一二月一四日の植民地及びその人民に対する独立の付与に関する宣言（国際連合総会決議第一五一四号（第一五回会期））がこれらを速やかにかつ無条件に終了させる必要性を確認し及び厳粛に宣明したことを考慮し、

井上　もう一つ、憲法一四条が、差別の禁止を明文でいっているにもかかわらず、憲法学者がリベラル派も含めて否定的なのは、それが公権力の行使による差別を否定しているだけであって、社会的な関係における差別、例えば企業が、共産主義者を採用しないといった雇用による差別まで禁止しているわけではないということがある。

三菱樹脂事件——高野達男が学生運動をしていたことを理由に解雇された事件——の裁判で、最高裁の裁判要旨に掲げられた、「憲法一四条や一九条は、もっぱら国または公共団体と個人の関係を規律するもので、私人相互の関係を直接規律することを予定したものではない」というのはやはりおかしい。一四条には、「政治的、経済的又は社会的関係において、差別されない」ということが、きちんと書いてある。それを改めてはっきりさせた方がいい、と私は思っている。

香山　それは、私も賛成です。

井上　例えば、アメリカで問題になったのは公民権革命ですが、前にいったように〔一八—一九頁〕、黒人が南北戦争の後、一応解放されて、しかも参政権もとったはずなのに、そのまま一〇〇年間も行使できなかった。州の選挙人登録のところで排除された。それは一九六五年の投票権法（Voting Rights Act）で是正されたのですが、さらに重要なのは一九六四年の公民権法

（Civil Rights Act）と一九六八年の公正住宅供給法（the Fair Housing Act）でした。これはまさに社会的・経済的関係における差別の解消をめざす法律なのです。

例えば、あるレストランが、「黒人客お断り」と掲げる、あるいは不動産会社が新しく宅地を開発して分譲し始めたけれど、「黒人には売らない」とする、こういったことを禁止したのが、公民権法であり、公正住宅供給法でした。これについてはアメリカ合衆国憲法修正一四条（条文は本書一九頁参照）の私人間《しじんかん》適用問題がありました。そこには平等保護（equal protection）が入っているのですが、これに対する支配的解釈は、それはあくまでも連邦や州政府の公権力の行使による差別を禁止しているだけであって、民間の企業や民間組織の差別にはかかわらないというものだった。

そこで公民権法や公正住宅供給法を制定するには、憲法修正一四条を改正しなければならないという議論もあったのです。そして、結果としてどうしたか。これはいささか苦しかったのですが、連邦の権限としてあった州際通商条項を使って、これらの立法の合憲性を担保した。州際通商条項とは、要するに異なった州をまたがる通商行為については連邦政府が規制できるというものです。少し苦しい理屈ですが、例えばある州の中で経営しているホテルも、そこで使っている物資はその州産出のものだけではないですね、別の州からもってきているではないか、とすれば、ホテルの経営方針についても州際通商条項によって連邦に規制権限がある、とした。この規制権限によって平等保護を私人間に適用する公民権立法を通した。本当はすっきりした解決にしたければ平等保護（equal protection）は、民間企業の活動にも適用されることを明記する修正一四条の修正をした方がよかったが、四分の三の州の批准というきわめて高い米国憲法の改正ハードルがあり、社会的差別が根強く存在する南部諸州が、拒否権を発動するのは確実だったので、このような修正は困難だった。

差別と言論の自由

香山　そうすると、さきほどのヘイトスピーチのケースと同じことになりませんか。例えば、差別の現れが言葉だったらどうなのか。つまり法的に規制することは表現の自由に抵触するといわれていましたが、それと具体的なサービスでの差別を禁ずるということとは同じでは？

井上　これは、人種を理由に雇用を与えないとか、サービスを拒否するというケースですから、言論の世界で規制するということとは、また別です。

香山　例えば、雇用の問題とは違いますが、あるお店が、「外国人お断り」と貼り紙をするといった場合、どうなのでしょう？

井上　それはヘイトスピーチではありませんね。外国人だからという理由でサービスを拒否しているわけですから。

香山　お店であったら、「サービス拒否」に当たる、と。

井上　店であったとしても、それをやってはいけないという……。

香山　ある関係性の中で、「外国人？　ちょっと勘弁」というのは、それは表現ですか？　だとすると、そこの線引きはすごく難しいのではないですか。

井上　そこは線引きして、仕分けなければいけない。相手を批判するときに、この言論はヘイトスピーチだから規制するという話と、一般の経済的な活動の中で一定のサービスを特定の顧客には提供するけれど、別の顧客には彼がある人種だからという理由で拒否するのを規制すること、この二つを同じにしてはいけない。

香山　サッカー場で、JAPANESE ONLY（ジャパニーズ・オンリー）という垂れ幕を掲げたことが問題になりました。サッカーはレイシズムに厳しいので、その人はサッカー場への出入り禁止になったはずですけど、仮にサッカー場が黒人客や韓国人客の入場を拒否したら、もちろんいまのことに抵触しますね。

井上 それは抵触します。

香山 では、JAPANESE ONLY という垂れ幕を出したこと自体、これはいい？ 私は断固反対です。

井上 観客がそういう垂れ幕を出すのを法律で禁止していいかは、表現の自由との関係で問題になりますが、サッカー場経営者が観客にその種の行為をしないこと、したら退場させることをチケット販売の条件として課すのはいいと思う。事業主体による規制に関していうと、微妙なのは、それぞれの競技の伝統に根差す制約の問題です。例えば、大相撲、あるいは他の競技でも男性限定団体、メイル・オンリー・クラブがあるじゃないですか。これは公権力ではない主体による個人の自由・平等の制約がどこまで許されるかという、いまの問題とかかわってくると思う。

香山 国会で、問題になりましたね。

井上 大相撲は、伝統的に男の競技としてやってきていて、女相撲は女相撲で別にあるのだから、そちらでやってくださいということ、それはそのプラクティスの長い間、存在理由になってきたものを守ろうとすることですから。

香山　ゴルフの霞ヶ関カンツリー倶楽部が、会員権を男性にしか売らず、そのメンバーシップを男性に限定していたことが問題になりました。そこが東京オリンピックのゴルフ競技の会場になるということで表沙汰になったのですが、国際的にみて男性しか会員にしないというのはおかしいと指摘されて、それを撤回しました。

井上　女性プロゴルファーが多く活躍している現在、男性限定がゴルフの伝統といえるのか疑問ですが、仮にそうだとして、そのクラブの自治の問題として、それを変える分には、それはいいですよ。自分たちがそれにこだわるよりは、変えた方が自分たちの組織の発展に役立つと判断したのだとしたら、それはありうるでしょう。相撲協会の場合も、自分たちが反省して、少なくとも女性代議士が政府提供の賜杯を土俵に上がって授与する、あるいは外国の女性大使がそれを渡すことを認めるというふうに変わっていくことは別にいいと思います。しかしそれを法律で、そうしないと制裁を科すと規制するのは違うのではないか、と。

香山　その辺りが、井上さんと私の見解が違うところで、言葉でのヘイトスピーチや、ある種の言論と、サービスや雇用における行為との間の、どこで線を引くかというのは、やはり難しいことだと思う。

井上　そこで線引きしなければだめだと思います。雇用、住宅、医療、宿泊所・食堂のサービスなどでの被差別集団の排除は、彼らの生活基盤・経済基盤を奪うものなので厳しく規制されなければなりませんが、差別的言動は性格が異なります。差別的言動が雇用や基礎的サービスにおける被差別集団排除を惹起する場合には、もちろん後者を規制すべきですが、これは差別的言動自体の禁止とは異なります。

少し話はずれますが、例えば私は教育現場の問題に関しては「いじめ」という言葉を使うのが嫌なのです。いじめられている子をトイレに連れて行ってパンツを脱がしたり、金を持ってこいということと、みんなでシカトすること、この二つが同じく、いじめといわれてしまう。トイレに連れ込んで暴行を働く、金を持ってこさせて奪う、これらは明らかに恐喝や暴行罪とされるべきものです。それとシカトすることとはまったく違うことなのに、いずれも「いじめ」として、教育現場において教育の問題として対処しなければならないとされる。これは、私はおかしいと思う。暴行や恐喝は刑事罰に当たる問題で……。

香山　それは、そうだと思います。

井上　これを区別するのが文明のルールであって、例えばお釈迦様はそうした制裁的な権力は行使していなかったけれど、唯一認めた制裁は何かといえば、シカトなのです。いくらいっても聞かない自己中なチャンナという弟子に対して、釈迦はブラフマダンタ（黙擯《もくひん》）つまり無視

するという罰を科したといわれている。

香山　その辺りも含めて、私はシームレスだと思っています。ヘイトスピーチのような言論の問題と、そこからヘイトクライムまでいったり、虐殺までいったりすることとは地続きだ、と私は思う。ですから、早いうちに芽を摘んだ方がいいのだ、と。

　言論の自由にかかわる問題の複雑さはよくわかります。どちらともいえない境界例が無数にあるということ、ヤンキーゴーホームというのはどうなのか、あるいは少数民族でも、人数でいえば少数だからといって、権力を握っている人たちもいるわけですが、その人たちに向かっていうのはどうなのか、「うーん、どっちかな?」という問題は確かにいろいろあります。とはいえ、いま日本で起きている差別扇動的な、ただの差別ではなく、差別扇動的な動きは、どうにかできないものかと思っている。そのことと表現の自由ということとが常に問題にはなっ

てくることもわかりますが。

ＬＧＢＴ差別禁止法の成立の裏にあった話で、「女以上に女らしく美しい」人が保守系の議員に働きかけたという話がありました。ヘイトスピーチ対策法の成立もまったく事情は同じで、西田昌司氏という自民党の議員が、途中まではそれこそ「表現の自由が……」といって取り合わなかったのですが、態度を一変させた。それには議員団が川崎に視察に行って、チェ・カンイジャさんという在日の韓国人女性に面会したことがきっかけになった。子どももいる女性で、変な意味ではないのですが、彼女が超美人で、かつすごく情に訴えるような話し方のできる人なのです。その彼女が、西田議員に、ヘイトスピーチのデモで、どんなに酷《ひど》い目に遭ったかという話を切々と訴えた。すると西田議員は手のひらを返したように、「この人を悲しませてはいけない」と、対策法の発議者になった。個人で、これほど変わるし、法律とはこんなふうにできるものなのだなと思いました。

井上　ここにもまた、非常に難しい問題があるのですが、日本では被害者の訴訟参加ができるようになりましたけれど、アメリカでは被害者影響報告（victim impact statement）といって被害者がどれだけ苦しんだかというようなことを陪審員の前で被害者に証言させることの当否が論争の的となってきたのです。なぜかといえば、被害者はやはり同情を掻き立てます。かわいそうだ、と。しかし、基本的に刑事手続きというのは疑わしきは罰せずで、被疑者・被告人の人権を守るためにというのがあるわけで、そこに被害者を登場させると、その悲しみに動かされてしまう。

香山　そうでしょうね。

井上　周防《すおう》正行監督の『それでもボクはやってない』〔二〇〇七年〕でも、被害者だった中学生の女の子の証言が、迫力をもって迫ってくる。本当に被害者はかわいそうなのだけれど、でもそちらへの感情的同感と被疑者・被告人に対する公正な裁判ということとは、やはり分けて考えなければならない。

そういうことが一つある。ですから私は差別の問題を考えるとき、本当に不正な差別といえるのかどうかを判断するとき、きちんとロジックで、それも事実を踏まえた「証拠に基づく」

（evidence-based）議論で吟味しなければならないと思う。被差別集団の人たちはこれほど辛い思いを強いられてきたと、例えばある特定の人のライフヒストリーを語って、「かわいそうでしょ」というだけで、感情に訴えるということだけで進めてしまうと、利用されてしまう。
いったん、「私たちは正しい目的のためにやっているのだからいいのだ」といってしまうと、別の連中も、「俺たちは、俺たちの目的のために」ということもできる。ネオナチの自己認識では、自分たちが被害者であったわけです。大手の真面目なメディアから、俺たちは相手にもされず、排除されている、と。だから、象徴的暴力に訴えるのだ、と。

香山　百田尚樹さんは、昨日〔二〇一七年七月五日〕も外国人特派員協会で自分は被害者だと訴えていました。「こんな弾圧を受けました」と、切々と海外メディアに訴えていました。ですから、もちろんどんな場合であれ、そちら側にも、反転させた論理を組み上げることは可能で、安倍さんだって自分は少数派の被害者だと思っているという、安倍番の記者の証言もあります。

政治的主体意識の欠落

井上　被害者意識への依存と表裏一体なのが、政治的主体の意識の欠損ですね。これは右がまさにそうです。それから左派や護憲派もそうなのです。右については、すでにいったように〔三一頁〕、私は五月二七日〔二〇一七年〕の「朝まで生テレビ！」で、百田尚樹を批判しました。彼は、日米安保に六〇年間ただ乗りしてきたというけれど、こんな米国に媚《こ》びた日米安保観を恥ずかしげもなく示すこと自体が彼は似非右翼だということを明かしている。日本は攻撃されたらアメリカが守るのに、アメリカが攻撃されても日本は守る必要がないと、まったくアメリカがいっていることをただ繰り返しているけれど、日本が米国に与えている利益の巨大さと日本の負担・犠牲の重さをまったく理解していない。在日米軍基地を、しかもアメリカの海外における最大の戦略拠点を提供している。かつ七五パーセントまで駐留経費を負担している。

アメリカにしてみれば、これはすごくおいしいことです。しかも日本にしてみれば、在日米軍基地を置くことによって、アメリカが日本とは関係なく起こした軍事行動への報復として攻撃されるというリスクも負っているわけです。ですから、ギブ・アンド・テイクでいえば、日本の方が払っているものは圧倒的に多い。右なら、そのことをきちんと考えなければならないのに、日本のコストを何も考えない。まして、かつて鬼畜米英といったという点をおいても、治外法権を持つ外国の基地をこれだけ国内に置くことが日本の主権をどれだけ損なう屈辱的意味を持つかも、まったく視野にはない。これは日本の国益を真面目に考えていないだけではなくて、日本の政治的主体性も真面目に考えていないということです。自称右翼の中には、この手の似非右翼がいる。

政治的主体意識の欠落は、護憲派にも見られる。六月一三日〔二〇一七年〕のBSフジのプライムニュースで、改憲派の日本会議の百地章と、私の同僚の護憲派の石川健治とたっぷり二時間、議論をした。

石川健治の話は結局、九条で自衛隊に違憲の烙印を捺し続けることが、財政的にもその肥大化を妨げているというのですが、すでに触れたように〔一四―一五頁〕、それは事実認識において間違っている。彼がなぜこれを口にするかといえば、「でも、九条をなくしたら、もっと歯止めが効かなくなって、膨大な軍事予算を投入して、日本は戦前の軍国主義に戻ります。そうしたら、表現の自由、政治的言論の自由、それすら弾圧される。井上さんは好きなことをいっているけど、それは九条があるおかげです」と、こう飛躍するわけです。

ここに、何が欠けていると考えるかといえば、やはり政治的主体意識の欠如です。九条が何かしら重しになって、魑魅魍魎《ちみもうりょう》を、悪魔、デーモンを抑えつけている、と。そのデーモンとは何者か。もしデーモンが出てくるとしたら、日本は民主国家なのだから、それは軍国主義に狂い暴走する国民自身でしょう。しかし、いまの日本国民が九条を変えたら狂うはずだなどという愚民観を偉そうに説く石川は何様のつもりなのか。国民に憲法価値を発展させる能力などないから、「賢明なる憲法学者」のご託宣に従えという彼は、プラトン的哲人王でも気取っているのか。彼は国民を責任ある政治主体としては認めていない。それだけではない。せめて護憲的改憲はやれ、と私はいっているのですが、それをやった後、安全保障政策をどうするかということは彼や護憲派自身もその一部である国民の主体的選択にかかっている。自分たちが政治的な主体としていかに行動するかという問題なのに、まるで評論家のように、「九条を外したら、日本の軍国主義が復活します」と、他人事のようにいっている。国民の政治的主体性を侮蔑することによって、彼や護憲派は自己の政治的責任意識、政治的主体意識も放棄してしまっている。

香山　そこには、どこまで行っても属人的な面があって、誰が変えるのかという問題がありますね。もちろん国民投票によって国民が主体的に憲法を変えるというロジックもあるのかもしれませんが、しかしその前に時の与党がつくった草案がある。それをいったい誰が出しているのか、発議するのかということも……。

井上　誰が出してくるかではなくて、あなたたちは憲法と安全保障をどうしたいのか、そこが問題です。石川健治は誤魔化しているから、突っ込んで訊きました。「違憲の烙印を捺し続けるということは、では、少なくとも自衛隊は廃止するか、あるいは武装解除して災害レスキュー部隊に改組するということにコミットするのか?」と。すると、「私の立場からだとそういうことになるでしょうね」という、とぼけた答え。かつ、あきれたことに、「でも、なくなるのですかね」と。まったく他人事なのです。自分の言説の実践的帰結に責任をとろうとしない。

自分たちが本当に非武装中立にコミットしているのであれば、九条護持を念仏のように唱えているのではなく、自衛隊を廃止ないし武装解除する法律改正と日米安保条約を破棄する運動を真剣にやらなければならない、その運動が成功するかどうかは別にして。しかし、護憲派はそんな運動をもはややろうとしない。それどころか、専守防衛の枠ならば自衛隊・安保はOKと事実上容認している。これは、私には許せない欺瞞です。修正主義的護憲派は解釈改憲の欺瞞に耽《ふけ》り、原理主義的護憲派は、自衛隊を専守防衛ならOKと容認しておきながら、違憲の烙印を捺し続けて利用し続けるという欺瞞に耽っている。自衛隊を永遠に私生児扱いしながら、一朝ことあれば命をかけてわれわれを守れというのは、政治的欺瞞であるだけでなく、人間的・倫理的欺瞞です。

大勢の護憲派は、非武装中立と口先だけでいっている。これにコミットしているならいいけれど、事実として一切コミットしていない。本気のコミットは六〇年安保で終わりですから、それ以降は真面目にそれに取り組もうとしない。ちょっと右側が集団的自衛権の方にいく、あるいは専守防衛、個別的自衛権の枠を越えそうになったら反対運動をするだけですから。

「いや。たとえ欺瞞だといわれようと、九条があるから日本の軍国主義化が妨げられている」という言い方をするそのとき、九条を変えたら、その後の政治的な世界において日本の安全保障体制はどうなるのかという問題を、自分たちが主体的にその責任を負うべき政治的作為の問題として考えずに、何か評論家的に、「これを外したら、こういうことが起こりますよ」と、まるで自然必然的現象のように見ているのです。

だから、護憲派は右に叩かれても弱いのです。右もさっきいったように、いい加減です。私は、右も平和ボケしているという立場で、トランプがあんなことをやっているのについていったら、北朝鮮が、大気圏再突入の熱に耐えられる核弾頭をつけてワシントンまで届くＩＣＢＭ

をつくれるようになるのはあと何年かかかるかもしれませんが、日本に届くミサイルは少なくとも二〇〇発以上保有している。核弾頭もすでに二〇くらいあるといわれている。しかも日本に対する攻撃では核弾頭は要らないわけですから。普通の弾頭をつけて日本を射程に収めるミサイルを、稼働中の原発に打ち込めばいい。そういう危険性を意識していないのです、安倍政権は。ただ、トランプにくっついてイケイケゴーゴー。右も平和ボケしているけれど、本当は護憲派の人たちも、もう九条におんぶにだっこはやめて、日本の安全保障をどうするのかについて実質的議論をしなければいけないのです。それが政治的な主体として責任をとるということです。

香山　特定秘密保護法以降、まるでバッティングセンターのようになってしまっていて、次々にいろいろなものが出てきて、原発もそうですが、それらに個別に異議を申し立てることで、もういい加減……。言い訳っぽいですが。

井上　これはすでに言いましたが〔『トランプ症候群』前掲、一四七頁〕、護憲派のリーダーの長谷部恭男〔法学者・憲法学者。一九五六— 年〕が特定秘密保護法を自民党参考人として擁護したのですよ。放送法の許認可規制を残すことの合理化をしたのも長谷部です。なのに、護憲派は長谷部を叩かないではありませんか。それくらいはしなさいよ、と言いたいね。それもしないで、どこが護憲派なのか。

香山　しかし、こちらは弱小勢力になってしまっているから、少しでも使えるリソースを使いたい。

井上　ですから、それが被害者意識なのです。被害者意識が、自分たちの政治的な主体としての責任を曖昧化してしまっている。

香山　私は、反差別にかかわってヘイトスピーチ対策法などの折りにいろいろ動いてはきましたけれど、それぞれのイシューに取り組める人が限られてしまっていて……。

井上　限られた人たちが頑張っているのはわかります。しかし、そういう「ガンバリズム」としての政治的主体意識にも、政治的無責任に転化する罠が実はあるのです。丸山眞男は「戦争責任論の盲点」〔丸山眞男・杉田敦編『丸山眞男セレクション』平凡社ライブラリー、二〇一〇年〕という短いエッセイを書いています。私はあまり丸山を好きではなかったのですが、三〇年くらい前、戦争責任についての論文を書いているときにこれを読んで、少し彼のイメージが変わった。そこで丸山は、戦争責任論の盲点として、他の論者も指摘する天皇の戦争責任にもちろん触れましたが、彼のユニークなところは、戦争責任を追及する倫理的資格が誰よりもあると思われ、そのため誰からも戦争責任を追及されなかった共産党の戦争責任を追及したことです。

共産党は戦前、戦中を通じて一貫して軍国主義批判をしてきたというけれど、実際にはその多くは転《ころ》んだのです。もちろん、転ばずに獄中一〇年云々と頑張った宮本顕治〔一九五八年、日本共産党書記長就任。以降、四〇年にわたって党を指導。一九〇八―二〇〇七年〕ら少数の活動家がおり、彼らが戦後日本共産党の指導者になった。彼らは、「俺たちは闘ってきたんだ。妥協をせずに」という自分たちの道徳的権威をもって満足してしまっている、と丸山は指摘する。丸山の指摘をパラフレーズしていえば、「でも、お前たちは政治的に失敗したのだろう」と、「戦争を止められなかったのだろう。だったら、その敗因を客観的に分析して、どうすればもう一度日本がああいうことになるのを止めるための運動を国民的規模で組織しうるのかを、反省しなければならないのに、相変わらず自分たちの教条に閉じこもるだけで自己満足している」と。本音では自分たちも信じていない共産主義の綱領も変えない。丸山は、そこまではいっていませんが。

丸山はここで、マックス・ウェーバーの責任倫理と心情倫理の区別を日本的文脈で発展させているのですが、彼の批判の趣旨は私は次の点にあると思う。自分が運動に参加しているということだけで、自分は立派な政治的主体だと、政治的責任を果たしたと満足してしまって、その運動の論理、大義が、本当に広範な国民から見て、もっともだと思える説得力を持っているかどうか、運動団体の内部的結束の強化を越えた対外的アピールを持つかどうかを考えないという自閉性に陥ってはならない、と。

政治的主体としての責任を持つことは、現実をどう変えていくかということであって、頑張って努力しているということだけではだめなのです。そのとき、一朝一夕には変えられない。一朝一夕には変えられないからこそ、いまたまたま現状のうちの、ここまでは自分たちの政治的選好に合っているから、これだけはとにかく凍結できればいいというのなら、次々その線が押されてきている中では、それはいずれ消えてしまいます。もっと攻勢に立たなければいけない。

香山　しかし、リベラルは、安全保障だけに限ったことではないですね。

井上　もちろんいろいろ問題はありますが、安全保障問題は切迫しています。それなのに、この問題を日本人は、リベラルか保守かを超えて、まともに考えていないと思う。リベラルは——私のいうリベラルではなく、自称リベラルは——、こんなことは誰も言いませんが、基本的に自衛隊と安保に「ただ乗り」です。さらに「本土住民」は沖縄に「ただ乗り」している。この前、ある団体が、日本全国の自治体の首長にアンケートをとったのです。「沖縄からの米軍基地の移転を受け入れますか」と、「受け入れる」と答えたのは、今回はゼロでした。橋下徹が大阪府知事のときは関西空港を使わせろといったけれど、今回はゼロです。つまり、こういうことなのですよ。

柄谷行人の文学的憲法論

井上 柄谷行人の『憲法の無意識』（岩波新書、二〇一六年）を読んで、えー！ここまでいうかと驚いたところと、がっかりというところとがあった。えー！というところは、彼は結論で「日本人や護憲派が憲法九条を守ってきたわけではない。九条によって彼らは守られてきたのだ」という言い方をしているところです。「九条は日本人の無意識だ」ともいっている。

それは、こういうことです。戦後の日本人にとっては、軍国主義時代の対外的攻撃衝動が内に向いて、自分に対する抑制として働く、その結果、九条は日本人の無意識、つまり意識下の自己抑制になった、と。これを超自我やエスといったフロイトの議論を使って説明している。だから、そう簡単に変わらないよ、九条は、と言い、でも九条は変わらないけれども、それを日本人が守っているのかといえば、実は守っていないということをはっきりいっている。むしろ日本人が守られてきたのだ、と。

しかし、私は日本人が守られてきたというのは嘘だと思っている。なぜかといえば、日本が攻撃されなかったのは自衛隊・安保のおかげであって、九条ではなく、九条にもかかわらず、九条に違反して存在した自衛隊・安保のおかげであると思っているからです。しかし、日本人が守ってこなかったというのは、その通りです。ではどうするのか。

柄谷はやはり原理主義的な護憲派の立場を政治的にも貫徹する、と。そのためにはやはり守ってはこなかったけれど、これを完全に実行することだ、と。そのとき、完全に実行すれば、いまの世界では実はそれが実効性を持つのだ、と。これは一国革命だけれど、それは世界全体に波及するという。「日本が憲法九条を実行することを国連において宣言するだけで状況は決定的に変わります。それに同意する国々が出てくるでしょう。そしてそのような諸国の連合が拡大する」と。

香山　世界共和国ですね。

井上　その辺りまでいくと、私はこれ、悪いですが、幼児的願望思考としか思えない。一見、護憲派の欺瞞を批判している。護憲派が憲法を「守っていない」といってるのはそのとおり。原理主義的護憲派ですら、非武装中立が解釈として正しいけれど、政治的には無理だということは名古屋大学の愛敬《あいきょう》浩二〔憲法学者。一九六六―年〕をはじめとして認めているのです。リップサービスとしては非武装中立と言いながら、専守防衛でいいというのが原理主義的護憲派の本音で、愛敬などはこの本音を建前としても打ち出していますから。そういう欺瞞を柄谷は自覚していて、それを正して、九条の原理主義的解釈に忠実に、日本が非武装中立を選べば、世界がそれに同調してくれるだろうという。

これを本当に柄谷が現実認識として持っているとしたら、これは幼児的願望思考だと批判されるしかないでしょう。現実的認識ではなく、願望だということを率直に認めて、日本が国際社会から食い物にされたとしても、非武装中立に進めというなら、いっていることに欺瞞はないが、「あんたが日本の首相になったら、本当にそれをやる気があるの」と訊きたくなる。実際の護憲派は柄谷ほど極楽トンボではなくて、政治的ご都合主義をちゃっかり振り回している。修正主義的護憲派は、明らかに専守防衛なら合憲だといってしまっているのですが、原理主義的護憲派は専守防衛でも違憲だとしながら、専守防衛ならOKだからこの枠内で違憲状態を保持せよといってるわけですから、共産党も含めてそうですから。

香山　それを欺瞞的にいっているだけの人と、共産党などはそこで、「違憲だ」といってしまったら、支持を失うのではないかという、戦略的なものもあるのではないですか。

井上　欺瞞に依存した支持を、欺瞞を正したら失うのは当然で、そんな支持に頼るのは自滅への道です。欺瞞的支持を失った後に得られる本物の支持を拡大してこそ、共産党が再生する道はあるのです。

香山 もう何年も前ですけど、「朝まで生テレビ！」に出たときに、「自衛隊は違憲だと思う人」と田原総一朗さんに問われて、私ともう一人、二人だけ手を挙げたことを覚えている。

非暴力抵抗の問題点

井上 手を挙げた香山さんともう一人は、九条解釈においては正しい。問題はその九条解釈に忠実に自衛隊・安保の廃棄を本気で求めますかということです。日本の護憲派は自分たちが政治的に容認している自衛隊・安保の現実と、自分たちの建前である非武装中立の理想との矛盾を、理想は現実と違うからこそ意味があるなどという詭弁でごまかしている。この理想を本気で追求する覚悟はないくせに。

しかし、私がここでもう一つ指摘したいのは、この非武装中立の理想は、理想としても間違っているということです。私の『世界正義論』〔筑摩書房、二〇一二年〕でいったことですが、憲法論ではなく、実質的問題としても、理想としてこれは欠陥があると思う。なぜかといえば、非武装中立を貫徹するということは、侵略されたら白旗を挙げるということではない。抵抗するのですが、非暴力抵抗です。非暴力抵抗ということは、ゼネストや、デモや、座り込みや、さまざまなことをする。象徴的にいえば、侵略者の戦車がくるところへ、対戦車砲を撃つのではなくて、バラを抱えて座り込む、と。場合によっては、轢きつぶされるかもしれない。要するに、この行為は苛烈な自己犠牲なのです。殺されても、殺し返さないという。

香山 いえ、殺すよりは殺された方がいいという選択もありえますよ。

井上 他の人間を殺したくないというのは普通の人たちが持っている願望ですが、自分たちを殺そうとしている連中を殺さないと、自分たちが殺される状況に置かれても、殺すより殺される方を選ぶかといえば、それを選べる人はごくわずかな道徳的英雄に限られるでしょう。殺したくないという普通の人たちの本音は、殺したくないけれど、殺されたくもないから、自分たちを殺そうとしている敵を殺す役割を、自分たちではなく、誰か他の人たちにやってほしいということでしょう。「殺したくない」から、戦力放棄の九条を固持せよと言いながら、「殺されたくない」から、自衛隊は専守防衛なら武装解除しなくていい、個別的自衛権の枠内なら日米安保も解消しなくていいという護憲派の欺瞞はここに由来します。

しかし、私がここで言いたいのは、こういう欺瞞の批判だけではありません。「殺さないと殺される状況に置かれても、私は殺すより、殺される方を選ぶ」という人たちの主張の限界を指摘したい。仮にあなたがそのような道徳的英雄の自己犠牲を引き受けることができるとしても、他者にそれを強制できますか？　という問題です。こういう道徳的英雄の行為を、法哲学や倫理学の用語ではスーパーエロゲーション（責務を超える善行、超義務）というのです。義務以上の務め。それはやれば立派だし、賞賛に値するけれど、実行できなかったからといって不正と批判されることはない。だから自分が自発的に引き受けるのは立派でも、他者に押しつけることはできない。

香山　私も「朝まで生テレビ！」で、それに似たことをいったことがある。「殺すよりも、殺された方がいい、と選択します」といったら、びっくりするほどの数の抗議がきましたが。

井上 自分はできるというのなら、それはいいのですが、それを他者に強制できるかということが問題なのです。

香山 そのときはともかく、「ひどい。あんなことというなんて」と、ものすごい抗議でした。

井上 誰から？

香山 一般の視聴者から。

井上 護憲派も含めて？

香山 いえ、それはわからない。匿名で大学に押し寄せてきた、びっくりするほどの数の封書が。

井上　あなたは自分の選択としていったのだろうけれど、酷《ひど》いという反応をした人たちは、あなたがそのような自己犠牲を他者に押しつけていると感じたのかもしれません。それは誤解だとしても、非暴力抵抗は自発的に引き受けるのはよいとしても、他者に強要できないという考え方はまともです。

九条の非武装中立はこのように、理想としても欠陥があるのですが、九条の理想は、日本人の自己イメージとして心地いいから自己欺瞞的に濫用されてきた。この欺瞞的濫用は海外協力の分野にも及んでいる。アフガニスタンに医療支援に行って、その後、灌漑用水路の建設に現地で奔走した中村哲〔医師。ペシャワール会代表。一九四六―年〕が、「自分が攻撃されなかったのは九条のおかげだ」と言いましたが、これは嘘です。海外の人たちのほとんどは日本に一切の戦力の保有・行使を禁じた憲法九条があるなんて知りません。彼が攻撃されなかったのはただ運がよかっただけ。ダッカ事件〔二〇一六年、バングラデシュ、ダッカ市内のレストランが襲撃され、日本人を含む二〇人が死亡〕など、日本人の開発支援スタッフがテロの標的になっています。

しかしいま、安倍政権があしたこうしたと外国で報道されているだけではなくて、これからさらに日本が海外への自衛隊派遣を云々となったら、次第に海外でもこのことが知られてくるわけです。そうすると、「九条を持っているのに自衛隊があるの？」「あなたたちは憲法を守れないの?」ということになる。

香山　そのことについては伊勢崎賢治さん（自衛隊を生かす──二一世紀の憲法と防衛を考える会呼びかけ人。一九五七─年）が発言していましたけど。

井上　私より若い韓国人の友人が、彼はラディカルな左派で、日本の軍国主義の復活を警戒する男でしたが、以前、日本人が九条を改正して自衛隊・安保をはっきり認知するのは歓迎するといった。「日本人は不気味だ。憲法九条を持っていて、理想だ、理想だといっておきながら、自衛隊・安保を容認しているということは、この人たちは本当に九条を守る気があるのか?」という。「彼らは自分が語っている理想に本当に誠実にコミットしているのか? これほどに本音と建て前の乖離が酷いから、日本人は何を考えているのかわからない」と。

香山　「日本人全体」というのが、何を指すのかはよくわかりませんが、でもリベラル派でいえば──それも私は一部しか知りませんが──、そこには積み重ねもあって、殺すより殺された方がいい、あるいは自衛隊違憲という意見も、私だけではなく、あったわけですね。しかし、それを口にした途端に、一斉に攻撃されたり、誹謗中傷されたりしますから。

井上　いいじゃないですか。ある意味、当たり前で。誹謗中傷するやつに訊いてやればいい。「じゃあ、あなたはどうしたいの?」と。

香山　しかし、次第にいえなくなっていったということもあると思います。

井上　私は自衛隊・安保は存在そのものが違憲だとずっと言い続けています。

香山　日本の戦後の歴史は、日米安保条約から自衛隊創設まで、その後の安保改定闘争まで、ずっとある意味で敗北を続けてきた歴史だったわけですね。

井上　敗北って、誰が誰に敗北していったのですか？

香山　左翼勢力や現状批判派が、あるいは抵抗勢力が、時の権力に。

井上　いえ、敗北していませんよ。現状が自分たちにも都合がいいから暗黙のうちに受け入れてきたのです。

香山　国家権力というのは暴力装置でもありますね。七〇年前、国の内外で六〇〇〇万人が殺戮されるという、まさに破局的な事態を日本人は経験しています。それは、人間性を破壊されるという経験でもあって、たとえ国際的な政治情勢や社会情勢が今後どう動こうと、こんな経験だけはいやだ、これだけは避けなければならないという確信を、トラウマのように抱えて日本人は戦後を生き始めたということがあります。そして、それは同時に、自国の軍も国家も国民を守るものではなかったという痛切な認識をともなっていたはずです。九条の問題について、なにがなんでも手を触れさせたくないという、論理よりは情念が支配しているかのような反応を呼び起こすのも、単に欺瞞というにとどまらない、人間的にいってもっと根の深いものである気がします。政治的主体である以前に、一個の人間としての実存のレベルで……。

井上 いいですか、護憲派は世界有数の武装組織である自衛隊や、世界最強の戦力である米軍と共同で戦闘させる日米安保を専守防衛・個別的自衛権の枠内ならいいと、政治的に容認しているのですよ。本当にトラウマがあるのなら、こんなことはできないはず。これはトラウマというより自己欺瞞が根深く「実存レベル」まで浸透しているということです。自己欺瞞は根深ければ許されるものではなく、根深ければ根深いほど、批判的自己分析によって抉り出さなければならないんです。

香山 結果として、非武装中立路線をいこうという人たちの声を、代表してきたのは左派でしょう。

井上 その左派が非武装中立を信じていないのです。本当に信じていないし、コミットもしていない。

香山 六〇年安保はどういうふうに位置づけますか?

井上 六〇年安保が最後です。あれで変わった。社会党左派ですら自衛隊・安保を本音で受容していたことは、村山富市政権〔在任、一九九四—九五年〕が象徴しているではないですか。

香山　いま引かれた柄谷さんの議論は、日本人が憲法九条の理念を内面化しているということも含むのでしょうが、そこから一気に世界共和国論へという回路はよくわからないですね。

井上　国連中心主義ですね。これは前からいわれてきたことですが、日本が非武装中立になっても大丈夫だというのは、非暴力抵抗のような苛烈なことをいわなくても、実は国連が守ってくれるだろうと、そんな見通しに寄りかかっていたからだということがある。憲法前文ですね。「平和を愛する諸国民の公正と信義に信頼して、われらの安全と生存を保持しようと決意した」と。

このことは、東京帝国大学総長だった南原繁〔政治学者。一八八九―一九七四年〕が、前からいっていた。あれは基本的には国連に委ねるということだ、と。「日本が攻撃されたとき、国連に加盟している他の国々が守ってくれる。なのに、日本は国連に対して軍事的貢献は一切する必要はない、というのでは通じないでしょう」といった。南原繁自身は国連に依存するのであれば、ただ乗りするのではなくて、日本も少なくとも国連に貢献するような軍事力を持つべきだ、と。こういう議論になってくるわけですが、柄谷にはそれすらもないでしょう。

香山　ガンディーの非暴力抵抗というわけにもいかないでしょうが。

井上　私は、思想的に一番潔癖なのはガンディーだと思っている。本当にガンディーの非暴力抵抗をするとすれば、これは大変なことだし、ガンディー自身はそれを個人として発信したわけですね。インドはガンディーを生んだ国だけれど、現在では結局、核武装までいっていますからね。非暴力抵抗といっても、それが個人のレベルなのか、国全体としてコミットするということなのか、これはまた別問題なのです。

しかし、日本国憲法九条は思想的に一番まともな仕方で解釈するならば、非暴力抵抗にコミットしているとしか考えられない。なぜかといえば、芦部信喜〔法学者。一九二三―九九年〕、東大系の護憲派のお師匠さんに当たる人が、九条は、常備軍を禁止しているだけであって、パルチザンのような人民蜂起は禁止していないといっている。私は、それを強く批判している。常備軍は文民統制を持つのなら、それなりに組織的コントロールができるけれど、人民蜂起というのは自選のグループが勝手に武器を使うわけですから、「お前たちは人民の敵だ」といって殺してしまう。かえって軍事的暴力の暴発につながりやすい。ですから、軍事的暴力を否定するという精神でいくのなら、非暴力抵抗にいかざるをえないと思っているのです。そういう思想的な突き詰めを、実はもういま、護憲派はあまりやろうとしていない。

香山　フランス革命にしろロシア革命にしろ、革命軍は旧権力を突破した後、ろくなことをしませんでしたからね。

徹底的に議論を

香山　柄谷さんの話に戻りますと、九条が内面化されていて、ということはそれがほとんど無意識に行動を導くような規範として働いているとして、なぜどのようにしてそれが世界共和国の理念につながるのか、そこには発想の次元のギャップがあるような気がしてしまう。論理ではなく、ともかくそこで飛べということなら、それは信仰に近いものだということになってしまいますね。

井上　そうだと思います。

香山　柄谷さんは、大塚英志さんとの対談の中で〔『新現実』第五巻。二〇〇八年一月〕、これは文学的な議論なのだということをいっています。そこには信仰に近いものがあるというのは、必ずしも私は否定的にいっているわけではなく、例えば今後、世界はどんな方向へいくのか、日本は国家としてどんな道筋をたどればよいのか、といったことを考える上での一つの指針が、ここに隠れているように思ったということです。普遍的で絶対的な基準はもはやありえないのではないか、求めてはいけないのではないか、という気分が充満している時代に、九条問題のように否応なく態度決定を迫られるとき、宗教的あるいは文学的な地平まで降りていかざるをえないのではないか、と思ったのです。これはしかし、共同体の次元と個の次元と、混ぜてはいけないものを混淆させることなのかもしれませんが。

井上　護憲派の間でよくいわれるのは、理想と現実との間にギャップがあるからといって、理想を変えるのはおかしいという議論です。理想とは現実と違うからこそ意味があるのだというわけです。それはしかし、理想に真摯にコミットしている場合にいえることだと思う。ところが護憲派は、その理想に対しても口先だけで、真摯にコミットしていない。

コミットするということは、憲法九条が非武装中立なのだとしたら憲法を変える必要はないのだから、自衛隊・安保の現実は間違いなのだから、自衛隊・安保を専守防衛のもとで凍結するのではなく、むしろ自衛隊を廃止ないし武装解除する運動をしなければならないはずですね。その運動をしようとしない。だとしたら理想としてすら、実は真摯に受け入れていないということになる。

柄谷は、フロイトを使っているので、香山さんにうかがいたいのですが、精神分析で初期のフロイトは快楽原則と現実原則を立て、超自我を現実原則において考えていた。ところが次第に、そうではなく、第三の軸として、死への衝動（タナトス）を考えるようになる。死への衝動が、超自我になってくる。柄谷はそのようにとらえて、議論の基盤としている。

そして、日本人の死への衝動は、かつては人を殺す衝動であった戦前の軍国主義的な対外的攻撃衝動が、戦後は自らの内に内向することで生まれた、と。自分の滅却幻想を受容することで、他者に対する自己の攻撃衝動を統御するという。もしかすると、非武装中立ということで日本はつぶされてしまうかもしれない、しかしあえてそれを引き受けるというようなことを考えているのかな、と思ったのです。

超自我は現実原則ではなく、死への衝動から立ち上がるとフロイトが解釈を変えた、まさにその解釈を念頭に置いて書かれている。そうすると、日本が一国革命で武装を全面放棄したとすると、柄谷はこの本では周りがそれに同調して、みんながそうなるだろうといっているけれど、これはある意味で文学的幻想かもしれない。実際には日本は攻撃され、つぶされるだろうと、でもそれでもいいではないかとどこかで考えているのかな（笑）、死への衝動。

香山　「もう一回、敗戦しないと、もうわからないのではないか」という人もいますけど。「もう、こんなことになってしまっては」という、諦めに近い気持ちでしょう。憲法をいま変えるという議論にみんなが抵抗するのには、いろいろな理由がありますが、その一つは……。

井上　護憲派の人たちは、「安倍政権の下では絶対にだめ」といっていたけれど、すでにいったように、保守本流はいまの護憲派とほぼ同じなのです。専守防衛、個別的自衛権容認なのです。その保守本流が支配していたときには、何も変えようとしていなかったわけですから、これは言い逃れです。しかも安倍政権の下ではだめだということは、自分たちが政権をとったら改憲していいということだから、自分たちの改憲案をいま有権者に提示する責任があるはずです。だから少なくとも護憲的改憲を提言しなさい、と私はいっているのです。その運動をしないと、かえっていまとんでもない方向へ行く可能性がある。しかも、さっきもいったようにいまいいチャンスなのです。

安倍の九条三項論というのは改憲でもなんでもない。要するに、自衛隊を認知したといっておきながら、戦力の保有・行使を禁止する二項を残すわけですから。自衛隊は戦力としては認知されるわけではない。

香山　新九条論の人たちは歓迎していないのですか。現状追認というところでは同じで……。

井上　歓迎していない。逆です。新九条論はそうではなくて、専守防衛・個別的自衛権の枠だったら日本は戦力を保有・行使していいということを明文化して改憲しなさいということです。二項を変えなければいけないのです。

香山　でも、結局は意味するところは同じということに……。

井上　安倍改憲案が似ているのは、修正主義的護憲派です。どちらも、自衛隊は戦力ではない実力組織として認知しているわけだから。戦力の保有・行使を禁じた二項を変えないまま、三項で自衛隊の設置を認めるといったところで、二項があるわけだから、自衛隊は二項が禁止している戦力に当たらない、これは実力組織だといういまの欺瞞をそのまま残すことになる。

香山　いわゆる解釈改憲的にいえば、同じ内容になるのではありませんか。新九条論と安倍の現状追認とは……。

井上　新九条論、護憲的改憲論はまさに、解釈改憲を否定して、九条二項の明文改正を主張しているのです。九条二項を残したまま解釈改憲でその意味を捻じ曲げているのは、修正主義的護憲派と、集団的自衛権を解禁する安保法制を解釈改憲のさらなる拡大で通した時点での安倍政権です。

香山　安倍がいっている解釈改憲プラス三項というのは、結局はその現状追認ということで……。

井上　解釈改憲がなぜできているかといえば、自衛隊は戦力ではないという虚構によって解釈改憲されているからです。新九条論はそれをやめなさいということをいっている。自衛隊を戦力として明確に認知した上で、専守防衛の枠内にそれを限定する九条二項の明文改正をせよといっているのです。

「きちんと自衛隊を戦力として認知しろ。その代わり、それは専守防衛の枠に限定する」といった方が、いわゆる左翼や護憲派だけではなくて、国民的規模の支持を私は調達できると思う。安倍改憲案より筋が通っているわけですから、そちらの方が。いまはしかし実態はそうではなく、都議選の敗北で少し安倍の矛先が改憲の問題からずれて、しばらく棚上げされることになったら、護憲派はもうこれで安心してしまっている。

朝鮮半島の情勢がこれだけ緊迫しているときに、相変わらず自衛隊は戦力ではないなどと、右も左もこの嘘に乗っているわけで、これは安倍も同じです。自衛隊は戦力ではないという嘘。ですから稲田朋美前防衛大臣は武力衝突があったと自衛隊の日報にあるのに、「法的意味における戦闘ではない」などと言い放っているのですから、これはもう危ない。

右・左関係なしに、日本の安全保障体制をしっかり確立しなければならないと思っている人、国民のマジョリティがそうだと思いますが、彼らに訴えかけて、「この問題を、はっきりさせましょう」と、そして「井上達夫の九条削除論」はまだショッキングでしょうからおくとして、少なくとも私が次善の策だと考える護憲的改憲、護憲派の政治的本音に合致する「専守防衛・

個別的自衛権の枠内で戦力の保有・行使を認める」という九条二項の明文改正、それに向けての運動はいまやらないと危ない、と私は思う。

香山　必ずしも時の言論空間というものはフラットに成り立っているわけではなく、権力の複雑な衝突とバランスもあるでしょうし、それぞれに歴史的な経過もあるでしょう。

例えばいま、政治的主体意識を持って、運動を起こせというお話ですけれども、日本人はそういうことでいえば、下から積み上げていって、最高法規を決定したという経験がありませんね。

井上　そういう評論家的発言をしているからだめなのです。憲法改正が政治的アジェンダに載せられれば、国民もやはり真剣に考えるし、考えさせなければいけないのです。

香山　日本人は、戦前に政治的主体として登場したことがありましたね。世界史の前面に躍り出たかのような昂揚感を感じて、「なんという雄大な構想か」と左翼の思想家までが感涙にむせんだ。そこからはしかし殺し殺されるという状況の真っ只中に立つことになり、挙げ句の果ては、国の内外で六〇〇万の犠牲者を出すという、失敗というよりは破局に至った。

井上　戦前は、民主主義がなかったではありませんか。大正デモクラシーですら不完全なものだったし、かつその後、治安維持法が通って思想・言論弾圧が強化されました。

いまの日本で戦前と同じ轍を踏んでいるのは護憲派ですよ。戦力の現実と憲法とのあからさまな矛盾を護憲派が容認しているのだから。しかも、国民の憲法改正権力の発動を否定し、国民主権原理まで裏切って。軍国主義に戻るなどと、他人事のようにいう人々に対しては、ふざけちゃいけないよと言いたい。あなたたち、戦前に生きているのかということですよ。そういう現状認識自体が歪んでいるし、政治的主体意識を棚上げしてしまっていると思う。

香山 いや、だからそこがリベラルの……。

井上 小さな自分たちだけが住める箱庭をつくって、周りの世界がどうなろうと、自分たちの世界だけが守られればいいという……。

香山 そんなことはない。

井上 そうなってしまっている。

香山 みんなそれぞれにロビイングなどしているのです。いろいろと活動もしている。だけど、それはさまざまなところに分散せざるをえなくて、例えば条例をつくったりという方向へも、向かわざるをえないから。

井上 いますぐ改憲という話ではないのです。何をどう改憲するのか、実はまだろくに論議されていないわけですから。これについては、メディアも悪いのです。二〇一六年七月の参院選で、改憲勢力が自公合わせて三分の二になったとか言いたてる。まず改憲勢力という言い方が十把一絡げです。何についてのいかなる改憲なのかが曖昧にされている。かつ、公明党は前から加憲〔憲法の既存規定は維持しながら、新しい条項を加えていくという立場〕ですから、公明党を加えればこの前の参院選以前のもっと以前から三分の二、衆参両院にあった。改憲勢力が三分の二を越えたから、さあ改憲だというメディアの伝え方はおかしいのです。改憲発議の主体は内閣や首相ではなく、国会なのですから、九条については、安倍改憲案のようないい加減な改憲案がまるで既定方針であるかのように語られるのは、まったく筋違いです。しかし、こういうイメージが一人歩きするのも、護憲派が対抗的な護憲的改憲の運動をしないからです。

衆参両院における憲法審査会がまったく議論しないというのもおかしな話です。これは党派的対立図式の枠内でやってはいけない。というか、もう無理なのです。だって民進党の中にも対立はあるし。それから自民党の中だっていまは安倍の支持率が高いからと黙っている連中が発言を始めたら、その中には保守本流の流れをくむ人もいるわけですから、そうすると超党派的に議論するしかないのです。

九条問題について何に三分の二が収斂するか、アプリオリに決まっているわけではない。この議論のプロセスの中で変わっていって、いま一番の落としどころだと私が思うのは、新九条論的なものが、自民党サイドそれから野党サイドからもまとまりがつきやすいところだと思う。

安倍の二項を変えずに三項を加えるというのは、もうチグハグでだめです。これは自民党の中にもそう思っている人がいるわけで、石破にしろ、誰にしろ、みんな本音では思っているわけです。

国会に憲法改正案をすぐに発議しろといっているわけではない。ただ議論のプロセスはすぐに進めなければならない。そうすれば、国民もだんだんとこの問題に関心を持ってくるのです。

憲法改正だけではありませんが、国民投票をするというと衆愚政治だというけれど——例外的にはありましたよ。ヒトラーがやった国民投票。あれはとにかく秘密投票の保障もないし、反対派を全部弾圧した上でやったものだから、本来の国民投票の状況ではなかった、やらせ投票であって——、普通の場合には真剣な国民的議論を経て国民投票は行われている。米国の禁酒法のようにおかしな決定もしていますけれど、それをもう一度見直したりもしている。要するに国民投票ということで国民自身が議論をする。自分たちが主権者としての選択を求められる国民投票があるということで、国民的議論の焦点が出てくると、普段は無関心だった人々もやはり議論をするのです。そして、議論しなければならないのです、徹底的に。

エピローグ　自己を信じられない私たち

井上達夫

一九五一年四月、戦後の日本占領の主導者である連合国軍最高司令官ダグラス・マッカーサーは、朝鮮戦争での文民統制違反を理由に、トルーマン大統領により解任された。同年五月に、米国上院公聴会で、自らの解任問題と極東情勢について質問に答えたが、その中で、次の有名な、あるいは悪名高い、日本人観を開陳している。「近代文明の尺度で測れば、われわれが四五歳の熟年であるのに比し、日本人は一二歳の少年でしょう」。

日本文化の成熟性、日本人の教育水準の高さといったことにまったく無知で無関心な、一人の傲慢な軍人のたわごと、あるいは、欧米中心主義的偏見の典型例として、この発言を批判することは間違いではない。しかし、それは、私たち日本人の「文化的精神年齢」に関しては不当な偏見だとしても、その「政治的精神年齢」については、あながち不当と一蹴しきれない「真実の粒」も含んでいるように思える。

軍国日本の指導者たちは、軍事的・経済的実力における彼我《ひが》の圧倒的格差を無視し、二カ月分の石油備蓄しかないのに日米開戦に踏み切った。天皇の権威を笠に着て、戦略的合理性などおかまいなしに精神主義を振り回し、アジア諸国に対して破壊的であるのみならず、日本にとっても自滅的な戦争を遂行した。この驚くべき政治的幼稚性。圧倒的に多数の日本国民は、戦前戦中はこんなに幼稚な指導者に追従した。敗戦後は、人間宣言をした天皇に代えて、占領軍の将たるマッカーサーを父のように敬慕し、離日する彼に熱烈な感謝と哀惜の情を送った。この悲しむべき小児的依存性。しかし、問題は過去ではない。マッカーサーに「一二歳の少年」といわれてから、七〇年近く経ったいま、私たち日本人の政治的精神年齢は少年期を越えられたであろうか。私たちは政治的に大人になれたであろうか。本書を読まれたら、読者は、この問いに対する私の答えが「否」であることを知るだろう。

いまの日本人の政治的未熟性が最も深刻なかたちで現れているのは、立憲民主主義と安全保障の根幹にかかわる憲法九条問題である。本書で、九条問題をめぐっては右の改憲派や安倍政権だけでなく、護憲派も、立憲民主主義の要請を蹂躙し、日本の安全保障問題と真剣に向き合うことを回避してきた点で同罪である、と私は批判した。近年刊行した別のいくつかの拙著においても、この点を敷衍している。ここでは次の点だけをいっておきたい。

日本国憲法を「押しつけ憲法」などといまだにいっているウヨクは、「政治的知能」を疑われてしかるべきである。占領期においては、たしかに、押しつけ憲法だった。しかし、一九五二年にサンフランシスコ講和条約が発効して日本が主権回復した後は、日本国民が望むなら、憲法九六条の改正規定に従って、九条を含めて憲洪を改正することができた。それができなかったのは、占領軍のせいではなく、日本国民の多数がこの憲法の維持を望んできたからである。主権回復後六〇年以上の間、日本国民が日本国憲法を受容し続けてきた。日本国憲法を「押しつけ憲法」として、その正統性を全面否認してしまったら、この憲法に従って成立してきた、ウヨクが支持する歴代自民党保守政権の正統性も否認しなくてはならなくなるが、ウヨク諸君の頭はなぜかそこまで回らないらしい。さらにいえば、占領期のもう一つの「押しつけ改革」である第二次農地改革の自作農創設で土地を得た多くの農民たちが、その後自民党保守政権の安定的な支持基盤にもなった。「押しつけ憲法」を否定したら、「押しつけ農地改革」も否定しなければならないことにも、ウヨクの思いは及ばない。自分たちが依存しているものを否定して喜んでいるのは、親に甘えながら親を馬鹿にして喜んでいる反抗期の子どもと同じである。

さすがに歴代自民党政権を担った保守本流は、これほど愚かではなかった。彼らは戦後憲法に心服してはいなくても、自分たちが政治的に依存している憲法の利用価値をよく知っていた。

九条については専守防衛・個別的自衛権の枠内であれば、自衛隊・日米安保は合憲という第一段階の解釈改憲をした上で、米国からの軍事的貢献増強要請にずるずると従いながらも、専守防衛・個別的自衛権の枠を越える米国の要求に対する消極的抵抗の手段として、「九条の制約」を利用した。しかし、米国は海外における自己の最大かつ代替不能な世界戦略拠点を日本からほぼただで――在日米軍駐留経費の七五パーセントは日本負担――提供されており、日米安保への依存度は米国の方が大きい。この事実を踏まえて、米国に対しては「君たちはすでに十分うまい汁を吸っているのだから、これ以上要求してくるなら、こっちも日米安保の現状を考え直しますよ」と主張して、大人の政治的交渉をすべきであった。しかし、歴代自民党政権にはこの大人の政治的交渉力が無かった。その欠損を埋め合わせる手段として、九条が利用された。それは米国と対等に渉りあえない自民党保守勢力の悲しい知恵であった。しかし、九条カードへの依存により、自民党保守政権は米国に対して大人の政治的交渉力を陶冶《とうや》する機会を失った。

安倍政権は、集団的自衛権行使解禁という第二段階の解釈改憲をして安保法制を押し通し、「保守の悲しい知恵」としての九条カードを捨てた。しかし、これは米国に対する日本の政治的主体性を高めるどころか、米国が勝手に始める軍事行動への自衛隊の参加を地域限定すら外して拡大するものであり、軍事的な対米従属構造を強化するものである。米国に対する大人の政治的交渉力がないままに、その欠損を埋め合わせる九条カードも捨てたのは、「米国に従わないと、米国は日米安保から撤退し、日本は米国に見捨てられる」という「見捨てられ不安」が根底にあるからだ。しかし、米国が、日米安保により「日本を守る」のは、日本のためというよりむしろ、グローバルな軍事力バランスにおける自己の優越的地位を保持するのに必要不可欠な最大の海外戦略拠点を確保するためである。このことを認識するなら、この「見捨てられ不安」には根拠がないことがわかるはずである。日本を優しく守ってくれる慈父であるかのように米国を慕う幼児的な対米依存心が、政治的リアリズムの成熟を阻んでいる。米国の日本への依存性を逆手にとって、米国のエゴに日本が振り回されることに釘を刺し、対等に交渉する大人の政治的主体性など、ここにはない。

いま、朝鮮半島情勢は緊迫し、軍事衝突の危険性が高まっている。北朝鮮は日本を射程内に含めた中長距離ミサイルを少なくとも二〇〇発以上保有しているが、日本の迎撃態勢は正直いってザルである。米国が北朝鮮に軍事攻撃を加えたら、多数の米軍基地を持つ日本は北朝鮮の攻撃にさらされる。最終的に北朝鮮の金体制が壊滅したとしても、それまでに多大の被害を日本も受けるだろう。こんな状況下で、安倍政権は、戦力の保有・行使を禁じた九条二項を残したまま三項を加えて自衛隊を認知するという安倍改憲案を提示している。これでは自衛隊を戦力ではない実力組織とする現在の欺瞞をそのまま保持することになる。戦力として明確に認知されない限り、自衛隊は武器使用に関して現在と同様の制約を受け、防衛のための実効的な軍事行動ができない。軍事衝突の危険性が切迫しているにもかかわらず、こんな中途半端で呑気な改憲案を安倍政権が出し、日本会議等の保守系論客の多くも、それを叱るどころか擁護している。しかも、軍事衝突への実効的対処の体制が軍事的にも法的にも十分整っていないにもかかわらず、国連演説で「北朝鮮体制完全破壊」を宣告したトランプ大統領の尻馬に乗って、安倍政権は「対話より圧力」を強調し、北朝鮮を軍事的暴発に追い込みかねない危険な対決姿勢をとっている。この状況を見ると、安倍政権とそれを支持する保守勢力も平和ボケに陥っているとしか言いようがない。この保守の平和ボケの背景にあるのは、「大丈夫、いざとなったら米国が守ってくれる」という幼児的な願望思考である。

護憲派は、六〇年安保闘争までは、九条の非武装中立の精神を現実化するための国民的運動を真剣に展開した。しかし、その後は、この種の運動は下火になり、やがて、専守防衛・個別的自衛権の枠内なら自衛隊・安保の存在を容認する方向に変質した。護憲派のこの変質は、原理主義的護憲派と修正主義的護憲派において、二つの異なった形態をとっているが、いずれも護憲の旗を掲げながら憲法を蹂躙する欺瞞に耽《ふけ》っている。

原理主義的護憲派は自衛隊・安保に違憲の烙印を捺し続けながら、この枠内なら政治的に受容可能として違憲状態凍結を主張する。違憲状態の凍結が護憲だなどという主張は、カフカの不条理小説も顔負けの倒錯である。非武装中立の理想をもはや彼らが本気で受容していないことは、集団的自衛権行使を解禁する安保法制には反対しても、自衛隊・安保自体の廃止を求める運動をやらないことから明らかである。

さらに、原理主義的護憲派の看板をいまは建前にしている共産党の志位和夫委員長は、「自衛隊がなくても大丈夫だと圧倒的多数の日本国民が思うまでは自衛隊の存在を認める」と、公言している。かつて新憲法制定時に九条に関して、自衛のための戦力も放棄するという趣旨なら不当ではないかと、吉田茂首相に詰問したのが共産党の野坂参三であったことを想起するなら、日本の中立はともかく、非武装化など共産党も本気で信じているとは思えないが、いずれにせよ、自衛隊も安保も廃絶して大丈夫と圧倒的多数の日本人が思う日は、日本人に現実感覚が多少ともある限り、こないであろう。くるとは信じ難い日がくるまで自衛隊を認めるということは、いつまでもこれを認めるといっているに等しい。

原理主義的護憲派は、本気でコミットしていない非武装中立の理想にリップサービスだけ払うという自らの欺瞞性を、理想は現実と矛盾しているからこそ理想として意味があるなどという詭弁で誤魔化すが、違憲状態凍結の無期限継続を容認するということは、理想に反する現実の永続を容認するということであり、理想の放棄を宣言するに等しい。彼らは、自衛隊・安保という戦力の現実に違憲の烙印を捺し続けながら、それが提供してくれる防衛利益はちゃっかり享受し続ける――自衛隊員を私生児扱いし続けながら、一朝事あれば命をかけてわれわれを守れと自衛隊員に要求する――という、恥知らずな欺瞞に耽っている。平和主義者としての自己の道徳的純潔性のイメージだけを守りながら、自己の生存の保証に必要な「手を汚す仕事」は他者に任せ、この仕事をしてくれる他者に「穢《けが》れた存在」の刻印を捺し続けるというこの姿勢は、生活の苦労を知らずに綺麗事をいっている子どもが、この苦労を引き受けている保護者たる親を堕落していると批判しているのと変わらない。日本が非武装中立を国連で宣言したら、世界中の国々がそれに従ってくれるはずだなどという夢想を語るも者いるが、これも、こういう「子どもがしゃべる綺麗事」の一種である。

修正主義的護憲派は専守防衛・個別的自衛権の枠内なら自衛隊・安保は合憲とする、かつての保守本流と同様の解釈改憲に開き直った。自らの解釈改憲を棚上げして、安倍政権による集団的自衛権行使解禁の解釈改憲を批判する彼らの欺瞞性を私は批判してきたが、近年の修正主義的護憲派の中には、木村草太のように、さらに度を越した解釈改憲の暴論を吐く者も出ている。自衛隊・安保は九条二項が禁じる戦力の保有・行使にあたることを認めた上で、「すべて国民は、個人として尊重される。生命、自由及び幸福追求に対する国民の権利については、公共の福祉に反しない限り、立法その他の国政の上で、最大の尊重を必要とする」という憲法一三条が、専守防衛・個別的自衛権の枠内で戦力保有・行使の禁止を例外的に解除しているという。戦力保有・行使禁止という重大な憲法規範の適用除外を、それについて一切触れていない一三条に勝手に読み込むのは、法解釈の枠を越えているだけでなく、憲法学者が国民の憲法改正権力を簒奪《さんだつ》するクーデターであるといってもよい暴論である。こんな妄説が許されるなら、安倍政権による集団的自衛権行使解禁も、日本の存立の基盤が危険にさらされる場合という条件をつけているから、国民の生命・自由・幸福追求の権利の尊重を要請する一三条によって許されているという主張が可能になるだろう。

しかし、より深刻な問題は、これが護憲派の自滅を意味するということである。専守防衛・個別的自衛権の枠内なら戦力の保有・行使は合憲だという主張は、「違憲の烙印を捺し続ける」という原理主義的護憲派の「封印」も、「専守防衛の自衛隊は戦力ではない」という従来の修正主義的護憲派の「封印」も破ることを意味しており、本来なら護憲派が「行き過ぎだ」と批判すべきものだが、護憲派はこの暴論を新手の術策として歓迎している。九条を変えないという結論だけ維持されれば、自分たちの「封印」が破られてもおかまいなしという姿勢は、九条の文言だけ崇《あが》めて、その規範的実質を腐蝕させる「憲法破壊者としての護憲派」の実像を恥じらいもなく赤裸々に曝《さら》している。

修正主義的護憲派は実は自己の欺瞞を自覚している。自覚しながら、この欺瞞を内田樹《たつる》のように「大人の知恵」として開き直って擁護してきた。自衛隊と九条の矛盾を解消せずに、そのまま引き受ける人格解離という「病的」なソリューションを日本人はあえて選んだとし、それは、日本が米国の属国だという事実のトラウマ的ストレスを最小化するために私たちが選んだ「狂気」のかたちであり、それが平和と繁栄を日本にもたらしたから、この「病態」を選んだ「先人の賢明さ」を多としたいという。

これもまた甚だしい倒錯である。修正主義的護憲派の倒錯性を擁護するこの議論そのものが倒錯的なのである。修正主義的護憲派と同じく専守防衛・個別的自衛権の枠内で自衛隊・安保を合憲とするかつての自民党保守政権の「第一段階の解釈改憲」も「先人の賢明さ」として擁護されているが、これが「大人の知恵」であるどころか、米国に対する「大人の交渉力」の陶冶を阻んだことはすでに述べた。しかし、より重大な問題は「大人の知恵」論の自壊性である。自衛隊と九条の矛盾を隠蔽する詭弁を「病的」だ、「狂気」だと認めた上で、政治的に便利だからこの「病態」を維持せよと主張しているのである。これは、自分たちも、論理的には擁護不可能な狂った解釈改憲を政治的ご都合主義でやっていると自白することにほかならない。それによって、集団的自衛権行使を解禁した安倍政権の安保法制制定を解釈改憲として批判する資格が、修正主義的護憲派にはないことを暴露しているのである。安保法制支持者たちは「大人の知恵」論を、よくぞいってくれたと歓迎しているだろう。大人ぶった姿勢で自分のしたたかさを誇示しようとして、かえって敵につけ入る隙を与えてしまうのは、子どものやることである。「大人の知恵」論は、大人ぶりたい子どもが軽率にも張ってしまう自滅的な虚勢にすぎない。

しかし、「大人の知恵」論の子どもっぽい虚勢よりも根本的な政治的幼稚性が、修正主義的護憲派にはある。自分たちがあからさまな解釈改憲をしておきながら敵の解釈改憲を批判するのは、ゲームで先にズルをしておきながら、他の子がズルをすると怒り出すわがままな子どもと同じである。フェアプレーのルールを体得できずに喧嘩している、いまだ「道徳的発達段階」の低い子どもの未熟性がそこにある。

以上、右の保守勢力と護憲派、両者に潜む政治的未熟性を見てきた。この根底にあるのは、私たち日本人の自己不信である。右の勢力は、対米依存から自立する能力を自分たちが陶冶できるとは信じられずに、対米従属構造にはまり込んだため、日米関係を対等なパートナーシップに転換し、世界に日本の政治的主体性を証示することができない。護憲派は、九条の重しを外したら日本人は軍国主義に暴走するしかないという自己恐怖の呪縛に囚われているため、憲法と現実の矛盾を自らの手で是正する憲法改正をして、立憲民主主義を発展させる政治的主体性を自分たちが陶冶できるとは信じられないでいる。自分たちが成熟した政治的主体になりうることを信じられないこの自己不信は、政治的成熟に必要な冒険や試練からの逃避をもたらす点で、自己実現的・自己確証的である。マッカーサーの亡霊がいまの日本人を見たら、「戦後七〇年以上経っても、日本人は、いまだに一二歳の少年だな」と、ほくそ笑むだろう。

私たちはいつまで、米国信仰や九条信仰に依存して、政治的に大人になる試練を回避し続けるのだろうか。米国信仰の危険性と九条信仰の欺瞞性がこれほど明らかになったいま、私たちはこの二つの「幻想の保護膜」を破って自立する政治的自己変革の試練からもはや逃避できない。「日本人よ、自己を信じて政治的成熟の冒険へ踏み出せ」というのが、本書で私が伝えようとしたメッセージである。もちろん、本書を読めば明らかなように、対談相手の香山さんは私とは見解が違う。彼女は、米国信仰は持たないが、九条信仰については、それを乗り越える政治的冒険は日本人には危険すぎると考えている。これからの日本で立憲民主主義を成熟させるためにどうすべきか、判断するのは読者である。

＊　対談は三回にわたって行われた。
五月一二日　　於・本郷
六月二八日　　於・原宿
七月　六日　　於・一ッ橋

＊　なお本文中では、政治家などの公人と言論人については、敬称と敬語を使用せず論及していることをお断りする。

憲法の裏側　明日の日本は……

2017年12月25日　第1刷発行

著　者　井上達夫《いのうえたつお》　香山《かやま》リカ

発行者　中川和夫

発行所　株式会社 ぷねうま舎
〒162-0805　東京都新宿区矢来町122　第二矢来ビル3F
電話　03-5228-5842　　ファックス　03-5228-5843
http://www.pneumasha.com

印刷・製本　株式会社ディグ

©Tatsuo Inoue, Rika Kayama. 2017
ISBN 978-4-906791-76-7　　Printed in Japan

哲学

トランプ症候群
——明日の世界は……
井上達夫・香山リカ
四六判・二〇八頁　本体一八〇〇円

香山リカと哲学者たち
明るい哲学の練習
最後に支えてくれるものへ
中島義道・永井 均・入不二基義・香山リカ
四六判・二四四頁　本体二五〇〇円

時間と死
——不在と無のあいだで
中島義道
四六判・二一〇頁　本体二三〇〇円

哲学の賑やかな呟き
永井 均
B6変型判・三八〇頁　本体二四〇〇円

湯殿山の哲学
——修験と花と存在と
山内志朗
四六判・二四〇頁　本体二五〇〇円

九鬼周造と輪廻のメタフィジックス
伊藤邦武
四六判・二七〇頁　本体三二〇〇円

養生訓問答
——ほんとうの「すこやかさ」とは
中岡成文
四六判・二一〇頁　本体一八〇〇円

となりの認知症
西川 勝
四六判・二〇〇頁　本体一五〇〇円

アフター・フクシマ・クロニクル
西谷 修
四六判・二一〇頁　本体二〇〇〇円

破局のプリズム
——再生のヴィジョンのために
西谷 修
四六判・二六〇頁　本体二五〇〇円

超越のエチカ
——ハイデガー・世界戦争・レヴィナス
横地徳広
A5判・三五〇頁　本体六四〇〇円

宗教

最後のイエス
佐藤研
四六判・二二八頁　本体二六〇〇円

この世界の成り立ちについて
——太古の文書を読む
月本昭男
四六判・二一〇頁　本体二三〇〇円

パレスチナ問題とキリスト教
村山盛忠
四六判・一九三頁　本体一九〇〇円

イスラームを知る四つの扉
竹下政孝
四六判・三一〇頁　本体二八〇〇円

3・11以後とキリスト教
荒井献／本田哲郎／高橋哲哉
四六判・二三〇頁　本体一八〇〇円

3・11以後 この絶望の国で
——死者の語りの地平から
山形孝夫／西谷修
四六判・二四〇頁　本体二五〇〇円

カール・バルト 破局のなかの希望
福嶋揚
A5判・三七〇頁　本体六四〇〇円

たどたどしく声に出して読む歎異抄
伊藤比呂美
四六判・一六〇頁　本体一六〇〇円

『歎異抄』にきく 死・愛・信
武田定光
四六判・二六二頁　本体二四〇〇円

親鸞抄
武田定光
四六判・二三〇頁　本体二三〇〇円

禅仏教の哲学に向けて
井筒俊彦／野平宗弘訳
四六判・三八〇頁　本体三六〇〇円

坐禅入門 禅の出帆
佐藤研
四六判・二四六頁　本体二三〇〇円

さとりと日本人
——食・武・和・徳・行
頼住光子
四六判・二五六頁　本体二五〇〇円

ぽくぽくぽく・ち～ん 仏の知恵の薬箱
露の団姫
四六変型判・一七五頁　本体一四〇〇円

死で終わるいのちは無い
——死者と生者の交差点に立って
三橋尚伸
四六判・二一六頁　本体二〇〇〇円

ダライ・ラマ 共苦《ニンジェ》の思想
辻村優英
四六判・二六六頁　本体二八〇〇円

神の後に　全二冊
マーク・C・テイラー／須藤孝也訳
Ⅰ〈現代〉の宗教的起源　Ⅱ 第三の道
A5判・Ⅰ＝二二六頁　Ⅱ＝二三六頁
本体Ⅰ＝二六〇〇円　Ⅱ＝二八〇〇円

グノーシスと古代末期の精神　全二巻
ハンス・ヨナス／大貫 隆訳
第一部　神話論的グノーシス
第二部　神話論から神秘主義哲学へ
A5判・第一部＝五六六頁　第二部＝四九〇頁
本体第一部＝六八〇〇円　第二部＝六四〇〇円

民衆の神 キリスト
——実存論的神学完全版
野呂芳男
A5判・四〇〇頁　本体五六〇〇円

回心 イエスが見つけた泉へ
八木誠一
四六判・二四六頁　本体二七〇〇円

聖書物語

ヨレハ記 旧約聖書物語
小川国夫
四六判・六二四頁　本体五六〇〇円

イシュア記 新約聖書物語
小川国夫
四六判・五五四頁　本体五六〇〇円

ナツェラットの男
山浦玄嗣
四六判・三二二頁　本体二三〇〇円

文　学

ラピス・ラズリ版　ギルガメシュ王の物語
司　修画／月本昭男訳
B6判・二八四頁　本体二八〇〇円

ト書集
富岡多恵子
四六判・二二〇頁　本体一八〇〇円

幽霊さん
司　修
四六判・二一〇頁　本体一八〇〇円

ラーゲルレーヴのおばあちゃん
文と絵　司　修
A5判・四二頁　本体一六〇〇円

おじぎをしたなつめやしの木
文と絵　司　修
A5判・四二頁　本体一六〇〇円

天女《アプサラ》たちの贈り物《マーヤー》
鈴木康夫
四六判・二九〇頁　本体一八〇〇円

声　千年先に届くほどに
姜　信子
四六判・二二〇頁　本体一八〇〇円

妄犬日記
姜　信子著／山福朱実絵
四六判・一八〇頁　本体二〇〇〇円

サクラと小さな丘の生きものがたり
鶴田　静著／松田　萌絵
四六判・一八四頁　本体一八〇〇円

評　論

グロテスクな民主主義／文学の力
――ユゴー、サルトル、トクヴィル
西永良成
四六判・二四二頁　本体二六〇〇円

回想の1960年代
上村忠男
四六判・二六〇頁　本体二六〇〇円

《魔笛》の神話学
――われらの隣人、モーツァルト
坂口昌明
四六判・二四〇頁　本体二七〇〇円

ミケランジェロ周航　坂口昌明
四六判・二四〇頁　本体二八〇〇円

秘教的伝統とドイツ近代　坂本貴志
——ヘルメル、オルフェウス、ピュタゴラスの文化史的変奏
A5判・三四〇頁　本体四六〇〇円

自給自足という生き方の極意　小林和明
——農と脳のほんとう
四六判・二一〇頁　本体一八〇〇円

〝ふつう〟のサルが語るヒトの起源と進化　中川尚史
四六判・二一六頁　本体二三〇〇円

『甲陽軍鑑』の悲劇　浅野裕一／浅野史拡
——闇に葬られた信玄の兵書
四六判・二五六頁　本体二四〇〇円

評伝

折口信夫の青春　富岡多恵子／安藤礼二
四六判・二八〇頁　本体二七〇〇円

この女《ひと》を見よ　江刺昭子／安藤礼二
——本荘幽蘭と隠された近代日本
四六判・二三二頁　本体二三〇〇円

民俗

安寿　お岩木様一代記奇譚　坂口昌明
四六判・三二〇頁　本体二九〇〇円

津軽　いのちの唄　坂口昌明
四六判・二八〇頁　本体三二〇〇円

ぷねうま舎
表示の本体価格に消費税が加算されます
二〇一七年一二月現在